"Thy way, O God, is in the Sanctuary." Psalms 77:13

복음의 유일한 청사진

성소

강병국 지음

SOS TV

성소 – 복음의 유일한 청사진

초판 발행 2009년 3월 15일
초판 8쇄 2018년 4월 10일

펴낸곳 SOSTV
출판등록 2007년 7월 4일
발행인 손계문
지은이 강병국
주소 경북 봉화군 봉성면 봉양4길 52-212
전화 1544-0091
이메일 sostvkr@hotmail.com
카카오톡/카카오스토리 SOSTV
홈페이지 http://www.11hn.net

ISBN 978-89-959940-3-0 03230
값 8,000원

The Sanctuary, The Only Blueprint of the Gospel

성소는
하나님께서 인간의 죄 문제를
어떻게 해결해 주시는지를 보여주는
유일한 청사진이다.

CONTENTS

목차

복음의 유일한 청사진

성소

결국 성소 문제에 대한 이해가 어떠하냐에 따라 구원받기도 하고 멸망당하기도 한다는 이 심각한 사실을 전혀 모른 채 많은 사람들이 신앙 생활을 하고 있다.

서론

복음은 하나님께서 인류를 구원하시는 능력

복음이란 그저 구원의 복된 소식을 뜻하는 것이 아니라 인류를 구원하시는 하나님의 방법과 파워를 말하는 것이다. 로마서 1장 16절에서 사도 바울은 이렇게 선포하고 있다. "내가 복음을 부끄러워하지 아니하노니 이 복음은 모든 믿는 자에게 구원을 주시는 하나님의 능력이 됨이라." 복음은 하나님께서 우리들을 죄의 힘으로부터 실제로 구원해 주시는 파워이다.

하나님의 구원하시는 이 파워가 어떻게 실행되고 이루어지는지 실제적인 표상을 통해 보여 주신 것이 바로 성소 제도이다.

인간이 하나님과 분리되어 영생을 잃어버리게 된 이유는 죄 때문이다. 죄란 하나님의 법을 어기고 악을 선택하는 것을 말한다. 우리가 악이라고 말하면 마치 흉측스러운 일을 행하는 것처럼 생각되지만 사실상 하나님의 뜻과 계명을 어기는 모든 생각이나 행동이 바로 악인 것이다. 그러므로 구원이란 우리 속에 있는 죄의 문제를 해결해 주는 것이며, 하나님의 구속 사역이란 인간의 죄를 해결하시는 그 과정들을 일컫는 말이다.

그러므로 성소는 하나님께서 인간의 죄 문제를 어떻게 해결해 주시는

지를 보여 주는 유일한 청사진이다. 죄는 우리 마음속에 있는 문제다. 겉으로 나타난 행동들은 마음속에 숨어 있는 생각과 동기들이 외부로 표현된 것들에 불과하므로, 하나님께서는 이렇게 꼭꼭 숨어 있는 죄의 문제를 녹여 내시는 작업을 하고 계신 것이다.

먼저 과거에 이미 지은 죄들을 용서해 주셔야 하고, 그리고 현재 작용하고 있는 죄의 힘에서 해방하셔서 하나님의 뜻과 법을 순종하기를 즐겨 하는 자로 만들어 주셔야 한다. 구원이란 악인을 보자기로 덮어씌워서 그 죄가 당분간 보이지 않도록 해 주는 쇼가 아니다. 구원이란 악인을 의롭게 만들어서 의로운 마음을 가지고 의로운 생활을 하게 해 주시는 하나님의 능력을 말하는 것이다.

아울러 심판의 역사도 뒤따르게 되는데, 하나님의 구속의 역사가 과연 공정하고 의롭게 이루어졌는지를 온 우주 앞에 드러내어 밝혀 주심으로, 다시는 어느 누구도 하나님께 대한 의혹이 없도록 하는 것이다. 이것이 바로 복음의 역사이며 파워인 것이다. 성소는 믿음으로 구원받는 경험이 무엇이며 우리가 어떻게 의롭게 될 수 있는지를 가르치는 실제적 교훈이며, 하나님께서 계시해 주신 유일한 복음의 청사진이다.

계시록 14장 6, 7절은 다음과 같이 선포하고 있다. "또 보니 다른 천사가 공중에 날아가는데 땅에 거하는 자들 곧 여러 나라와 족속과 방언과 백성에게 전할 영원한 복음을 가졌더라 그가 큰 음성으로 가로되 하나님을 두려워하며 그에게 영광을 돌리라 이는 그의 심판하실 시간이 이르렀음이니 하늘과 땅과 바다와 물들의 근원을 만드신 이를 경배하라 하더라." 이 경고의 말씀 가운데 한 천사가 하늘을 날아가면서 영원한 복음이 온 세상에 전파되어야 한다고 외치는 모습을 보게 된다. 이것은 우리가 살고 있는 이 현시대를 위해 주어진 말씀이다. 계시록 13장에 소개하는 짐승의 표 환난을 전후로 주어지는 경고이기 때문에 그러하다.

영원하다는 말은 변치 않는다는 말이다. 영원한 복음이란 언급은 복음이 변조되고 타협됐다는 사실을 암시해 준다. 그러므로 타협되지 않고 성경 기자들을 통해 원래부터 주어져 온 영원한 복음을 전파하라는 것이다. 요즘은 복음을 사람들의 귀에 듣기 좋은 방식으로 바꿔서 가르치기를 잘하는 시대다. 구원의 도리를 값싼 은혜로 바꿔서 가르치는 타협의 시대가 되었다. 그러므로 이 시대가 필요한 것은 영원한 복음이다. 변치 않는 원래 구원의 도리 말이다. 그 오리지널 복음을 가르치고 보여 주는 것이 성소 제도이다. 이 올바른 천국 복음이 온 세상에 전파되면, 예수께서 말씀하신 것처럼 세상 끝이 올 것이다(마 24:14 참조). 영원한 복음을 이해하고 변화된 자들만이 말세의 참 교회를 이루게 될 것이다.

자, 그렇다면 이제부터 이 흥미로운 하나님의 구원의 역사를 성경의 유일하고 참된 복음의 청사진, 성소 제도를 통해 연구해 보자.

1장

성소가 보여주는 해답들

1. 죄의 비극을 종결시키는 일이 지체되는 이유

왜 이 지긋지긋한 죄의 역사가 빨리 끝나지 않는 것일까? 왜 예수 그리스도께서 속히 오셔서 우리를 하늘로 데려가시지 않는 것일까? 하나님의 약속이 왜 이렇게 오래 지연되는 것일까? 매일 고통 중에 탄식하며 신음하는 사람들이 너무나도 많다. 전쟁으로, 질병으로 그리고 천연재해들과 악한 자들 때문에 고통당하는 이들이 이렇게도 많은데 주님은 왜 지체하시는가?

인류의 고통과 죽음의 이유는 죄의 문제에서 찾아야 한다. 죄는 파괴하는 힘이다. 하나님의 법을 어기는 모든 일은 우주를 파괴하며 이웃을 불행하게 만드는 행위이다. 죄는 하나님의 형상으로 지음 받은 사람을 이기적이며 교만하게 만든다. 죄의 문제를 해결하는 것이 구원이다. 그것은 간단한 죄의 용서 이상의 역사와 능력을 필요로 하는 것이다. 성소 제도는 하나님께서 죄를 어떻게 해결하고 없애시는지를 자세하게 보여 준다. 그래서 시편 77편 13절은 다음과 같이 말씀하고 있다. **"하나님이여 주의 도는 극히 거룩하시오니 하나님과 같이 큰 신이 누구오니이**

까." 영어 킹 제임스 성경(King James Version)은 이 말씀을 더 확실하게 번역해 주고 있다. **"Thy way, O God, is in the sanctuary: who is so great a God as our God?, 오 하나님! 당신의 도는 성소에 있나이다. 주와 같은 큰 신이 누구리이까?"**

하나님께서 범죄한 인류를 죽여 없애지 아니하시고 계속 살도록 허락해 주신 데는 그 이유가 있다. 물론 멸망 받을 인간이 불쌍하기 때문에 용서의 길을 마련하시고 한 번 더 기회를 주신 것도 사실이지만, 그보다 더 큰 이유가 있다.

인류의 반역과 범죄가 하늘에서 시작한 사탄의 반역에 힘을 실어 주고 명분을 주게 되었다는 사실이 바로 그 이유이다. 사탄은 태초에 하늘에서부터 하나님이 자비롭지 못한 분이라고 공격했다. 천사들과 우주 거민들에게 법을 지키도록 강요하고, 노예로 만들어 억압하는 독재자처럼 선전한 것이다. 에덴동산 선악과 앞에서 하와를 유혹할 때 그 사실이 드러난다. "하나님이 먹지 말라고 하신 과실을 먹어도 죽지 않으며 오히려 하나님처럼 더 높아지게 될 것"이라고 뱀으로 가장한 사탄이 하와를 유혹하였다. 하나님의 법은 지킬 필요가 없으며 법을 어겨도 영생할 수 있다는 거짓말이었다. 다시 말해서 하나님은 거짓말쟁이며 이기적으로 피조물들을 이용하는 독재자라고 고소한 것이다.

아울러 그는 하나님의 명령은 그다지 중요한 것이 아니며 계명을 어기고 죄를 지어도 죽지 않으니 걱정하지 말라는 식의 거짓 복음을 퍼뜨린 것이다. 이러한 상황에서 하나님께서 사탄을 죽여 없애지 않으신 것은, 먼저 하나님의 의로우심과 공정하심에 대하여 모든 피조물이 이해할 수 있도록 증명해 보여 주시는 일이 선재해야 하기 때문이며, 또한 인류는 스스로 반역해 나간 것이 아니라 사탄의 기만과 거짓말에 속임을 당한 입장이었기 때문이다. 아담과 하와를 없애 버리실 수 있었으나 그렇게 하지 않으신 이유는 그들이 속아서 넘어진 것도 그러하지만 아담과 하와가 없어지면 그들에게서 태어날 수많은 후손들이 하나님을 알고 깨달아서 영원히 살 기회를 아예 얻어 보지도 못한 채 사라져 버릴 것이기 때문이었다.

그러므로 하나님께서는 사탄을 살려 두어 그의 기만이 자연스레 폭로되고, 또한 그의 방식대로 세상이 운영될 때에 과연 어떠한 결과가 생길지 우주 앞에 보여 주어야 할 필요가 생긴 것이다. 모든 피조물이 하나님의 성품과 공의를 이해하게 되어 온 우주가 다시는 파멸의 위험에 빠지지 않도록 안전장치를 만드시는 일이 급선무가 된 것이었다. 이 일은 오랜 시간이 필요한 일이며 그 시간 동안 많은 희생을 감수해야 하는 피치 못한 입장이 되었다.

마음속에 숨은 죄와 반역을 드러내고, 그 결과를 주목하게 하는 것은 시간을 요하는 일이다. 사탄을 즉결 심판하시면 간단할 것 같지만, 그렇게 하면 온 우주의 피조물들은 하나님의 공의와 의도를 더 의심하게 될 것이고, 모든 자가 두려움에서 하나님을 섬기게 되는 심각한 상황이 벌어지게 될 것이며, 결국 사랑이신 하나님의 창조 목적이 파괴되는 상황이 벌어지게 되는 것이다.

자주 이러한 질문을 듣는다. "하나님께서는 이러한 위험을 다 아시면서 왜 사탄을 창조하셨는가? 아담과 하와가 범죄할 수 없도록 창조하시면 될 것이 아니었는가?"

문제는 하나님께서 천사와 인류를 창조하실 때에 자유 선택의 의지를 주었다는 사실이다. 그 자유 의지가 없다면 우리는 한갓 로봇이나 기계에 불과한 것이지, 이성과 개인 인격을 가진 존재가 아니다. 기계는 정확한 일은 수행할 수 있을지 모르나 인격체가 아니다. 기계는 그 주인이 어떠한 목적을 위해 사용하기 위한 종일뿐이다. 인격체만이 사랑을 나눌 수 있고 행복을 느낄 수가 있다. 기계는 서로 관계를 맺을 수가 없는 무의미한 존재이다.

하나님께서는 우리를 창조하실 때에 사랑받고 사랑할 수 있는 인격체로 만드셨다. 그런 존재라야 행복과 기쁨, 발전과 향상을 경험하고 보람을 맛볼 수 있으며, 또한 부모와 자식의 관계처럼 창조주이신 분과 사랑의 관계를 가질 수가 있다.

하나님께서 이러한 긴 슬픔과 고통의 세월을 감안하시면서도 인류에게 두 번째 기회를 주신 사실은 무엇을 의미할까? 우리의 가치이다. 비록 죄의 결과와 고통을 경험하며 살게 될지라도 우리의 존재는 엄청난 가치가 있기 때문이다. 인간이 죄를 버리고 변화되어 하나님과 사랑의 관계를 회복해서 영원히 발전하며 살게 될 그 가치는 가히 형용할 수 없으며, 또한 하나님과 사랑의 관계는 무엇보다도 귀중한 것이기 때문이다. 우리는 아버지와 어머니의 사랑을 설명할 수가 없다. 왜 그들이 우리를 사랑하여 목숨까지 바치려 할까? 이유가 있는가? 불구가 된 자식을 위해 그토록 희생하며 껴안는 그 사랑은 논리적으로 설명이 안 된다. 우리를 향한 하나님의 사랑은 그보다도 더 높다. 예수님의 십자가는 우리 영혼들의 가치를 보여 주시는 하나님의 사랑의 증거이다.

그러므로 하나님께서 사탄의 기만과 반역을 드러내어 온 우주의 천사들과 거민들의 신뢰를 예전처럼 회복시키시며, 특히 타락한 인류를 구원하여 회복시키시는 구속 사역을 시작하신 것이다. 그 하나님께서 과연 어떻게 인류를 구원하시고 죄로부터 회복시켜 내시는지를 설명하고 보여 주는 제도가 바로 성소 제도이다. 그러므로 성소 제도야말로 참된 복음을 설명해 주는 유일한 하나님의 청사진이 되는 것이다.

인류의 구원 문제는 온 우주의 행복과 그 존재의 질서를 포함하는 광범위한 것이다. 우리 자신들만 구원 얻고 마는 것이 아니다. 하나님에 대한 신뢰의 회복, 우주 자체의 안녕과 질서 그리고 모든 피조물의 행복이 달린 문제이다. 그러므로 이 지구에서 일어나는 죄의 결과에 대한 계시, 그리고 구원받는 인류들이 다시 회복되어 영원히 살 자격이 있다는 사실을 입증하는 일들이 이루어져야 한다.

사탄과 동맹을 맺었던 인류가 다시 거룩한 자들과 이웃이 되려면 그들이 구원 얻어 변화되었다는 사실이 입증되어야 하는 것이다. 그것은 어떤 의미에서 하나님의 구원하시는 능력과 방법이 검증되어, 온 우주가 "하나님의 심판은 의롭고 공정합니다!" 라는 외침을 얻어내야 한다고 말할 수 있다. 그래서 이 지구의 슬픔과 고통이 이렇게 오래 지연되어 온 것이다. 그러나 성경은 이 일이 거의 다 이루어져 왔으며 이제 곧 예수께서 심판주로서 그리고 구속주로서 다시 재림하실 것이라고 예언하고 있다. 그래서 주께서 다시 오신다는 재림의 사실이 우리의 유일한 소망이다. 성경은 이렇게 끝을 맺는다. "이것들을 증거하신 이가 가라사대 내가 진실로 속히 오리라 하시거늘 아멘 주 예수여 오시옵소서"(계 22:20).

한 가지 사실을 다시 부연하자면, 성소의 진리는 우리로 하여금 하늘 성소에서 사역하고 계신 그리스도를 만나게 할 것이며, 또한 성소의 예수 그리스도를 만난 경험이 우리로 하나님의 참된 구원의 경험을 갖도록 해 줄 것이고 더 나아가 참된 증인이 되게 할 것이다. 그리하여 우리는 은혜의 시간이 마치기 전에 세상을 향하여 경고하고, 영혼들을 곧 오시는 주의 재림을 위해 준비시키는 하나님의 마지막 증인들이 되게 할 것이다.

구원에 대한 커다란 오해의 먹구름이 온 세계를 뒤덮고 있다. 수많은 사람이 거짓된 복음을 진지하게 믿다가 멸망하게 될 것이기에 이 시대에 하나님께서는 성소의 진리를 깨달은 사람들을 통해 모든 나라와 민족과 백성에게 "영원한 복음"을 온 세상에 전하실 것이다. 그 "영원한 복음"은 성소를 통해 계시된 복음이다. 하나밖에 없는 복음이다. 성소에 대한 올바른 이해는 우리에게 "내가 무엇을 하여야 영생을 얻으리이까?"에 대한 깨끗한 해답을 줄 것이다.

마지막 세대의 참된 믿음을 가진 자들은 사탄이 더럽혀 놓은 하나님의 성품을 옹호해 드리고, 실추된 하나님의 법을 올바로 다시 세우는 사역을 감당하게 된다. 오랜 죄의 슬픔과 고통의 역사를 통과하면서 하나님의 참된 증인들이 결국 준비되는 것이다. 하나님의 성품과 그분의 진리를 가장 밝게 이해하는 자들이 생겨난다는 것이다. 계시록 12장 17절은 그들을 "여자(참된 교회)의 남은 자손들"이라고 부르고 있는데, 그들이 가지고 있는 특징을 하나님의 계명을 지키며 예수의 증거를 가지고 있는 자들이라고 말씀하고 있다. 잠언 4장 18절은 의인들이 하나님과 그분의 진리에 대하여 점점 더 밝은 이해를 하게 된다는 사실을 다음과 같이 말씀해 준다. "의인의 길은 돋는 햇볕 같아서 점점 빛나서 원만한 광명에 이르거니와." 지구의 역사를 지금까지 지연해 주신 하나님께 오히려 감사 드려야 하지 않겠는가!

사탄의 대리자들과 하나님의 대리자들 쌍방은 온전하게 준비되어 있다. 이제 곧 선과 악의 전쟁에서 최후의 투쟁이 일어날 것이다. 이 문제는 결론 부분에서 다시 자세하게 설명해 보도록 하자.

2. 성소를 통해 전달되는 메시지

우리가 성소의 단순한 건축 양식과 성소 제도에 나타난 의식들을 연구해 볼 때에 하나님의 말씀하시려는 의도를 알 수 있게 된다. 우리가 성소 제도를 통해 알게 되는 것은 다름이 아니라, 죄인이 양을 가지고 죄를 용서받기 위해 성소로 나아가는 데 있어서 그 최종 목적지는 사실상 하나님의 법궤 앞, 곧 지성소라는 사실이다.

우리는 우리의 죄악 때문에 하나님의 임재 앞에서 쫓겨나와 살게 되었다. 우리의 목적지는 생명의 근원이시며 창조자이신 사랑의 하나님 앞에서 다시는 죽지 않고 영원히 살게 되는 것이다. 그러나 우리가 죄를 가지고 있는 이상 하나님을 뵐 수가 없고 하나님과 함께 살 수가 없다. 하나님의 임재인 쉐키나 영광은 죄와 죄인들을 태울 것이기 때문이다. 그러므로 하나님의 영광 앞에서도 죽지 않고 살 수 있도록, 우리 속에 있는 죄의 문제를 하나님께서 어떻게 처리하시고 해결하시는가에 대한 계단들을 보여 주시는 제도가 바로 성소 제도이다. 하나님께서는 성소를 통해 이 사실을 우리에게 알려주시는 것이다.

그러므로 성령께 완전히 굴복되어 하나님의 영광과 그의 계명들 앞에 설 수 있게 된 사람들이 필요하다. 바로 이렇게 준비된 사람들이 마지막 선과 악의 대쟁투의 큰 전쟁과 핍박과 시련을 감당할 수 있는 사람들이다. 또한, 그런 사람들이 성령을 받고 나아가서 외칠 때에 드디어 세상은 진리의 큰소리 외침을 듣게 될 것이요, 온 세계가 소용돌이치게 되며, 천국 복음이 땅끝까지 전파되어 드디어 모든 인류가 진리의 말씀을 듣고 각자의 운명을 선택하는 일이 있게 되면서 복음 사역이 마쳐지는 것이다.

이 천국 복음이란 그저 오늘날 전해지는 그런 통속적인 것이 아니다. 예수님께서 전파하셨던 바로 그 복음이며, 섞인 것이 없이 순수한 복음이다. 의롭게 만드는 은혜와 성화케 하는 능력과 그리고 끝에 가서 정말 그러한지를 심판하시는 부분이 포함되어 있는 온전한 천국 복음이다.

현재 기독교는 세계에 점점 더 많이 복음을 전파하며 전도하고 있다고 기뻐하지만, 이 세상에 하루에 태어나는 신생아의 숫자만도 33만 명을 능가하고 있다는 사실을 상기해 볼 때, 이 천국 복음이 땅끝까지 전파되면 세상의 끝이 오리라고 하신 예수 그리스도의 말씀이 성취되려면 인간의 힘으로 하는 복음 전파로는 이 일이 거의 불가능한 것을 알 수 있다. 또한, 각각 다른 종교들을 믿는 사람들에게는 어떻게 하여야 구원 얻게 하는 참 복음을 가르칠 수 있는가 하는 문제도 심각하다. 그리고 기독교의 복음이 이렇게 많이 전파되어 왔음에도 불구하고 점점 더 악해져만 가는 인심은 어떻게 해결해야 하는가도 큰 문제점이다. 그러므로 우리는 정직하게 우리의 상태를 직시하면서 현재 우리의 복음 전파의 속도와 현시대의 교회 형편을 살펴볼 때에 오랜 세월이 지나가도 예수께서 오실 수가 없는 것이 아니냐는 생각에 다다르게 되며, 안타까운 마음으로 하늘을 우러러 탄식하게 되는 것이다.

그러나 우리는 이 예수께서 성경에 약속하신 바대로 속히 오신다는 재림의 약속을 믿고 그 약속이 성취되기를 위해 기도하면서 성령의 큰

비를 위해 간구하여야 한다. 오순절 당시에 예수님의 제자들이 성령의 이른 비를 받아 복음 전파를 땅끝까지 한 것처럼, 성령의 늦은 비가 없이는 우리의 사명과 의무를 감당할 수가 없다. 그렇다면, 우리는 한 백성으로서 무엇이 잘못되었기에 약속된 성령의 늦은 비를 충만히 받지 못하고 있는가? 왜 세상을 완전히 변화시킬 수 있는 성령의 능력을 체험하지 못하는 것인가?

그 해답도 성소 안에 나타나 있다. 성소 제도는 우리가 당면한 딜레마의 해답을 말해 준다. 아울러 참된 구원이 어떻게 이루어지는지를 자세하게 설명하여 주는 것이다.

"Thy way, O God, is in the sanctuary" (KJV, Psalms 77:13).
"오, 하나님, 당신의 구원의 도(道)가 성소 안에 있나이다" (시편 77:13).

2장

성소에 대한 첫 계시

하나님께서 시내산 위에서 모세에게 성소에 대한 계시를 보여 주시고 지시하신 모양대로 정확하게 성소를 짓도록 명령하신 사실을 우리는 잘 알고 있다. **"저희가 섬기는 것은 하늘에 있는 것의 모형과 그림자라 모세가 장막을 지으려 할 때에 지시하심을 얻음과 같으니 가라사대 삼가 모든 것을 산에서 네게 보이던 본을 좇아 지으라 하셨느니라"**(히 8:5). 그러나 우리는 그보다 훨씬 전에 이미 하나님께서는 우리의 시조 아담과 하와에게 구원의 청사진인 성소에 대한 계시를 알려 주신 사실을 창세기 3장을 통해 엿볼 수가 있다.

1. 성경에 나타난 첫 번째 성소

이 이야기는 창세기 3장 20, 21절에서 시작된다. 방금 범죄한 자신들에게 내린 하나님의 사형 선고를 듣고 또한 땅을 향한 저주의 선고를 들은 아담이 곧 자기의 아내를 향하여 돌아서더니 느닷없이 새로운 이름을 지어 주는 것이 아닌가! "여보, 이제부터 당신의 이름을 하와라고 합시다. 당신은 이제부터 모든 산 자의 어미가 되었소." 불과 몇 분 전에, 죄의 결과로 죽어야 한다는 죽음의 선고를 받은 아담이 왜 그렇게 했을까?

아담이 자기 아내의 이름을 하와라고 지은 것은 범죄 전이 아니라 범죄한 후이다. 그 일에서 우리는 아담의 믿음을 엿볼 수가 있다. 어떻게 그렇게 할 수 있었을까? 그 해답은 21절이 말해 주고 있다. "여호와 하나님이 아담과 그 아내를 위해 가죽옷을 지어 입히시니라." 가죽옷을 해 입으려면 어떤 동물이 죽어야 한다. 죄의 결과로 생긴 기후의 변화를 대비해서 벌거벗은 인간의 몸을 덮어 주기 위해 희생양이 죽어야 하였다. 그러나 중요한 이유는 그것이 아니다.

범죄함으로 빛의 옷을 잃은 인류를 위해 죄의 즉각적인 심판에서 가려 주시는 구세주의 의의 옷을 그들에게 가르치시면서 주께서는 그들에게 가죽옷을 입히신 것이다. 그때의 장면을 한 번 상상해 보자.

하나님께서 아담에게 저쪽에 멀찍이 떨어져서 천진하게 노는 두 마리의 어린 양을 부르라고 명하신다. 그때 아담은 휘파람소리로 양들을 불렀고 두 마리의 양들은 영문도 모른 채 기뻐서 껑충껑충 뛰어와 한 마리는 아담의 품 안에 다른 한 마리는 하와의 품 안에 덥석 안긴다.

양들을 귀엽게 쓰다듬는 아담과 하와에게 하나님께서 다시 말씀하신다. "아담아, 저기 돌들이 보이느냐?" "네, 하나님!" "저기 두 돌을 가져와 서로 두들겨 날카롭게 만들어 보렴!" 시키는 대로 하여 날카롭게 된 돌을 들고 서 있는 아담을 향하여 하나님께서는 다시 말씀하신다. "이제 그 돌로 양의 머리를 쳐라" "네? 아니 양을 이 돌로 치면 어떻게 됩니까? 죽게 되는 것 아닙니까? 저보고 양을 죽이라고 하시는 말씀입니까?" "그렇다! 자, 어서!"

하나님의 권위의 말씀에 하는 수 없이 아담은 날카로운 돌을 가지고 안고 있던 양의 머리를 내리쳤다. "더 세게!" 두 번째 세게 내리치자 양은 그만 큰 눈을 뜨고, 마치 "왜 나를 이렇게 치는 거예요?"라고 말하는 듯 공포의 표정으로 피를 흘리면서 죽어가는 것이 아닌가? 처음 죽음의 공포를 바라보고 있던 아담이 소스라치게 놀라면서 죽은 양의 시체를 땅에다 얼른 던지고 하나님께 물었다. "하나님! 우리가 범죄했으므로 이렇게 비참하게 죽어야 합니까?" "아니다, 아담아! 너희가 죽을 것이 아니라 내가 너희를 위해서 저렇게 죽을 것이다!"

인류를 구원하기 위한 계획을 들은 우리의 시조 두 사람은 하나님 앞에 무릎을 꿇고 다음과 같이 부르짖는다. "하나님! 우리의 죄 때문에 하나님께서 이렇게 돌아가셔야 한다면, 우리는 그 죄를 정말로 미워합니다. 다시는 하나님을 죽게 하는 죄를 반복할 마음이 없습니다." 성소의 목적은 죄인들에게 죄를 미워하게 하며 의를 사랑하게 하는 데 있다. 이 목적이 우리들의 마음속에서 이루어져야 구원이 이루어지는 것이다.

이렇게 해서 성소에 대한 첫 번째 계시가 성경에 주어졌다.

2. 범죄한 인간에게 나타내신 하나님의 모습

흔히 우리는 창세기 3장 24절의 내용을 그린 화가들의 그림들을 접하게 된다. 무서운 얼굴을 하고 불붙는 칼을 들고 에덴동산 입구에 서 있는 천사를 뒤로 힐끗 바라보며 무서워 떨면서 쫓겨나는 아담과 하와의 모습을 그린 그림들이 있다. 그런데 한 번 생각해 보자. 양을 잡고 옷을 해 입히신 사랑 넘치는 하나님께서 뒤로 돌아서서는, 떨고 서 있는 두 인간을 공포에 사로잡히게 만들어 에덴동산으로부터 내쫓으시겠는가?

물론 하나님께서 인간들이 생명나무에 접근하지 못하도록 천사를 두어 막으시고 금하신 것은 사실이다. 그러나 그 뒤에 또 한 가지 알아야 할 사실이 있다. **"이같이 하나님이 그 사람을 쫓아내시고 에덴동산 동편에 그룹들과 두루 도는 화염 검을 두어 생명나무의 길을 지키게 하시니라"**(창 3:24). 여기에 "두루 도는 화염 검"이라는 낱말이 나오는데, 이 두루 도는 화염 검은 그룹들 사이에 있다. 누가 그룹들 사이에 거하시는가? 시편 99편 1절은 "여호와께서 그룹들 사이에 좌정하시니"라고 말씀한다. 그룹들은 하나님의 보좌 또는 임재의 곁에서 항상 호위하는 천사들이다. 에스겔서 1장과 10장에서도 하나님께서는 그룹 사이에 좌정하시는 것으로 묘사되어 있다.

그러므로 모세가 계시 가운데 이 장면을 보았을 때에 그룹들 사이에서 왔다갔다하시는 한 분이 마치 불붙는 광채 나는 검처럼 보였기 때문에 두루 도는 화염 검이라고 표현했을 가능성이 있지 않겠는가? 두루 도는, 다시 말하자면 왔다갔다하시며 안절부절못하고 계시는 하나님의 모습! 그것은 떠나가는 아담과 하와를 보시면서 안타까워하시는 모습으로, 자주 내게로 와서 예배하며 구속의 경륜에 대하여 공부하자고 말씀하시는, 마치 집 떠나는 자식을 보며 안절부절못하는 애절한 부모 같은 마음을 가지신 주님의 모습을 그렇게 표현한 것은 아닐까?

에덴동산은 사람이 그 아름다운 곳에서 추방되고 나서도 한동안 지상에 남아있었다(창 4:16 참조, 가인이 여호와의 앞을 떠나 나가 에덴 동편 놋 땅에 거하였더니). 타락한 인간의 가족들은 오랫동안 죄가 없던 시대의 즐거운 낙원을 바라보는 것이 허락되었다. 그 들어가는 입구는 파수 보는 천사들로 막혔지만, 하나님의 영광이 그룹 천사들이 경배하는 낙원의 문에 나타났다(하나님의 영광이 그룹들 사이에서 나타났고 후에는 이것을 '쉐키나'라고 불렀으며 이스라엘 예배의 중심인 지성소 안에 거하였다. 쉐키나의 뜻은 '임하여 계시다.'라는 의미이다. 출 25:32, 시 80:1, 사 37:16 참조).

이곳으로 아담과 그의 아들들이 하나님께 예배드리려고 나아왔을 것이다. 그곳에서 그들은 불순종함으로 에덴에서 추방당한 그 하나님의 율법에 대한 순종의 맹세를 새롭게 하였다. 가인과 아벨이 제사를 드린 곳도 에덴동산 앞이었을 가능성이 크다.

하나님께서 그룹 천사들을 에덴동산의 입구에 두신 또 다른 한 가지의 이유를 구태여 언급하자면, 한때 그룹이었던 루시퍼의 접근과 기만을 막기 위한 이유이었을 것이다. 그러므로 하나님께서는 에덴동산 동편 문으로 예배드리러 오는 아담과 하와에게 처음으로 성소의 제도, 즉 하나님께서 어떻게 죄인의 죄를 용서하시며 죄와 반역의 문제를 취급하시는지에 대해 가르쳐 주신 것이다.

이 창세기 3장의 말씀에서 우리는 하나님께서 인류에게 주신 성소에 대한 첫 계시를 엿볼 수가 있다. 하나님께서 우리의 죄를 용서하신다. 그렇다. 우리에게는 희망이 있다. 그러나 기억하도록 하자. 하나님께서 우리의 죄를 용서하시기 위해 무한한 희생을 치르셔야 한다는 사실을! 이 첫 번째의 성소에 대한 계시에서 우리는 한 가지 분명한 사실을 보게 된다. 그것은, 인간은 자기의 죄 때문에 죽어 가는 희생양 앞에서 두 가지의 경험을 체득하게 된다는 것인데, 하나는 죄의 결과를 깨닫고 죄를 미워하게 되며, 두 번째로는 자기가 어긴 그 하나님의 율법에 죽도록 순종하겠다는, 의를 사랑하는 마음이 다시 샘솟게 되는 그것이다.

3장

성소 뜰에서의 칭의의 경험

"내가 그들 중에 거할 성소를 그들을 시켜 나를 위해 짓되 무릇 내가 네게 보이는 대로 장막의 식양과 그 기구의 식양을 따라 지을지니라"(출 25:8,9). 하나님께서는 모세에게 성소를 지으라고 명령하시면서 그에게 하늘에 있는 성소의 모형을 자세하게 보여 주셨다(히 8:5 참조). 그리고 식양을 보여 주시고 나서는 정확하게 그대로 지어야 한다고 말씀하셨는데 그 이유는 지상 성소는 하늘 성소의 그림자이기 때문이다.

1. 인간들 속에 거하시는 하나님

성소는 하나님께서 하늘에서 인간의 구속 사역을 어떻게 이루고 계신지에 대한 정확한 청사진이기 때문에 인간의 아이디어로 성소를 지을 수가 없다. 또한, 이 성소는 하나님께서 인간들 가운데 거하시도록 하고자 지어진 것이다. "내가 그들 중에 거할 성소를 그들을 시켜 나를 위해 짓되" 만일 우리가 어떤 친구의 집에서 약 일 년 동안 같이 먹고 자며 한 집에서 지낸다고 가정한다면, 우리는 그 친구가 무엇을 좋아하며, 무엇을 싫어하고, 무슨 음식을 먹고 어떤 일을 하며 어떠한 가정생활을 하는

지를 상세하게 알게 될 것이다.

마찬가지로 하나님께서는 죄인들 가운데 오셔서 같이 거하심으로 우리가 하나님이 어떤 분이라는 사실을 정확하게 깨닫게 되기를 원하신 것이다. 또한, 우리를 구원하시기 위해 어떠한 희생을 치르셔야 하는지를 보여 주셔서 죄인들의 사랑을 도로 찾으려 하시는 것이다. 그러므로 이 지상 성소는 그리스도의 성육신을 표상하는 건축물이다. 이 성소의 모든 기구와 재료와 모형들은 한결같이 예수께서 어떠한 분이시며, 어떻게 구세주의 역할을 담당하시는지에 대하여 일목요연하게 우리에게 보여 주고 있다.

성소 봉사의 모든 부분은 예수님의 각 사역의 부분들을 상징으로 보여 준다. 성소 뜰은 예수님이 십자가에서 이루신 속죄의 사역을 상징해 주는 것이고, 성소는 부활 승천하시어 하늘에서 이루시는 중보 사역을 상징해 주는 것이며, 지성소는 구속 사역의 마지막 심판과 죄를 도말하시는 사역을 상징해 주고 있다.

죄는 용서하는 것만으로 끝나는 것이 아니라, 죄인이 하나님의 능력으로 의인이 되었다는 사실이 우주 천사들 앞에서 증명되어야 하는 심판의 과정도 포함하여야 하기 때문이다. 그러므로 이러한 모든 천국 복음의 계획들을 설명해 주기 위해 고안된 이 성소 제도는 하나님에게서만 나올 수 있는 지혜라는 것을, 연구할수록 느끼게 되어 공부하는 사람마다 하나님의 사랑과 지혜에 탄복하여 찬송하게 된다.

2. 성소에 나타난 구속 사역

또 한 가지 잊지 말아야 할 것은 성소를 통해, 인간이 하나님을 뵙기 위해서 어떠한 절차를 밟아야 하는지를 보여 주신 사실이다. 완전한 구원이란 죄인이 다시 하나님의 영광 앞에 서서 죽지 않고 영원히 함께 살 수 있게 되는 것을 말하는데, 그렇게 되기 위해서는 죄인들에게서 죄의 문제가 해결되어야 한다. **"오직 너희 죄악이 너희와 너희 하나님 사이를 내었고 너희 죄가 그 얼굴을 가리워서 너희를 듣지 않으시게 함이니"**(사 59:2).

그러므로 성소 제도는 죄인들에게 하나님의 쉐키나 영광 앞에 나아가기 위해, 즉 지성소에 계신 거룩하신 하나님을 뵈올 수 있기 위해, 죄는 어떻게 용서받는 것이며 나아가서는 어떻게 죄와 상관없는 삶을 살게 되어, 결국에는 죄의 문제를 어떻게 해결할 수 있는지를 가르쳐 주려는 것이다.

이해에 도움을 주기 위해 다음의 예를 들어 보기로 하자. 여러 해 전에, 우리 집 앞에 있는 밭에 여러 가지 채소들과 함께 배추를 심었다. 가을이 되자 배추는 싱그러운 색깔과 함께 통이 큰, 보기에도 탐스러운 일 등급 배추로 잘 성장하였다. 그런데 갑자기 우리가 사는 조지아 주에 이른 된서리가 내렸다. 이상한 것은 서리 맞은 배추가 떠오르는 햇볕을 받고는 시들시들 녹아내리는 것이 아닌가! 지금까지 태양 볕은 배추에 생명과 활력과 기쁨을 주는 원천이 되어 왔었다. 그러나 서리를 맞은 어느 날부터 태양 볕은 죽음과 파멸을 가져다주는 대상이 되고 만 것이다. 태양 볕은 여전히 같은 태양인데, 서리 맞은 후에 배추의 본성이 바뀌어 버렸기 때문이다. 더는 태양 볕 아래서 살 수 없는 본질로 바뀌었기 때문이다.

죄가 우리와 하나님과의 사이를 가로막았다. 인간은 원래 하나님의 임재 앞에서 기쁨이 충만하여 영원히 살 수 있도록 창조함을 받았다. 그러나 인간이 범죄한 연고로 본성이 바뀌어 하늘에 거할 수 없게 되어 버린 것이다. 그러므로 하나님께서 인간을 구원하시어 다시 하늘에 들이시려면, 적당히 죄를 덮어 주어서 용서하심으로 하실 수 있는 것이 아니라 우리 속에 있는 죄의 문제를 완전하게 해결하심으로만 가능한 것이다.

이 일은 하나님과 인간이 협력하지 않고서는 이룰 수 없는 사역이다. 자! 그러면 이제부터, 하나님께서 어떻게 우리를 구원하기로 고안하셨으며, 과연 우리가 어떠한 경험을 가져야 하나님 앞에 나아가 그리운 창조주와 대면하여 영원토록 살 수 있게 만드셨는지를 성소의 위대한 그림을 통해 살펴보도록 하자.

3. 성소로 가는 첫 계단

성소의 경험은 죄를 지은 사람이 희생양(혹은 염소나, 비둘기)을 흠 없는 것으로 고르는 일부터 시작된다. 그는 자기가 지은 죄에 대한 죄책감 때문에 마음에 평화가 없어졌고, 그의 마음에는 정죄와 심판의 두려움만 서려 있게 되었다. 그는 행복하지 못하고 생애에 즐거움이 사라져 버린 사실을 느끼게 된다. 그에게는 용서가 필요하고 하나님의 은혜가 절실하게 요구된다. 그 순간 그가 성소를 향하여 바라볼 때에 하나님의 임재하심을 나타내는 영광의 구름이 지성소 위편에 머물러 있는 것을 보게 되고 회개하는 죄인들을 오라고 초청하시는 사랑의 이끄심을 느끼게 된다.

또한, 성소 뜰 번제단으로부터 타오르는 연기가 하늘을 향하여 치솟는 것을 보면서 자기도 양을 끌고 가서 지은 죄를 솔직히 고백하고 희생

제사를 드리고 나면, 자기의 죄도 마치 저 타오르는 연기처럼 사라져 없어지고 다시는 기억되지 않을 것이라는 생각을 하게 되는 것이다. 죄인이 성소를 바라보는 순간 성령께서 강력하게 그의 마음속에 역사 하신다. 성소의 경험은, 성령께서 죄인을 하나님께로 이끌기 위해 감동케 하시기 때문에 생긴다.

죄인이 양을 고를 때에는 자기가 가진 것 중에서 가장 흠 없고 정결한 것으로 준비해야만 한다. 우리에 있는 양을 고를 때, 상처가 있는지, 절지는 않는지, 눈이 멀지는 않았는지를 살피면서 하나님께 드리는 가장 흠 없는 제물을 선택해야 하는 것이다. 이것은 물론 흠 없는 어린 양이신 예수 그리스도를 상징하는 것이지만, 죄인이 온전한 마음으로 하나님께 돌아가는 순전한 회개를 상징하는 것이기도 하다. 레위기 1장 3, 4

절은 다음과 같이 말하고 있다. "**그 예물이 소의 번제이면 흠 없는 수컷으로 회막문 앞에서 여호와 앞에 열납하시도록 드릴지니라 그가 번제물의 머리에 안수할지니 그리하면 열납되어 그를 위해 속죄가 될 것이라.**"

하나님께 나아갈 때에 우리는 순전한 회개의 동기로 열납될 수 있는 제물을 가지고 온 마음을 다하여 나아가야 한다. "**하나님의 구하시는 제사는 상한 심령이라**"(시 51:17). "**하나님의 뜻대로 하는 근심은 후회할 것이 없는 구원에 이르게 하는 것이요**"(고후 7:10). 지은 죄에 대하여 진정으로 슬퍼하는 참된 회개의 제물이 하나님 앞에 열납되도록 준비하는 일이 성소로 가는 첫 계단이라 하겠다.

4. 성소로 가는 길에서

우리가 성소를 볼 때에 두 가지 목적이 그 속에 들어 있는 것을 알 수가 있다. 성소 제도의 목적으로 첫째는 구주 예수 그리스도의 생애와 그분의 대제사장으로서의 우리를 위한 구속 사역을 상징해 보이기 위해 고안된 것이요, 두 번째는 주님을 따르는 성도들이 하나님의 보좌에까지 이르는데 어떠한 경험을 하면서 어린 양을 따라가야 하는지를 보여 주는 약도라 할 수 있는 것이다. 그러므로 성소를 볼 때 우리는 '믿음으로 말미암는 의(以信稱義)'의 과정을 보다 밝게 이해할 수 있게 된다.

죄인이 양을 끌고 성소를 향해 갈 때에는 겸비한 마음을 가지게 되는데, 그 이유는 양을 끌고 가는 사람을 모든 동네 사람들이 쳐다보면서, "이번에는 저 사람이 무슨 죄를 지었기에 양을 끌고 가지?" 라고 속삭일 것이기 때문이다. 그것은 그 사람으로 하여금 자기가 부족한 것과 죄인인 것을 사람들 앞에서 겸손하게 인정하며 나아가는 경험을 갖게 한다.

성소로 나아가면서 죄인은 눈에 들어오는 세 가지를 보게 되는데, 그것은 흰 세마포로 만든 성막 울타리와(출 38:16), 타오르는 연기, 성소 위에 떠 있는 하나님 임재의 구름이다. 그것은 이 죄인에게 큰 소망을 주게 되는데 그 이유는, "저 성소 뜰에 가서 양을 제사로 드리기만 하면 나는 저 하얀 성막 울타리처럼 깨끗한 의로 감싸이고, 나의 죄악들은 저렇게 연기처럼 태워져 없어질 것이며, 드디어 하나님의 임재 속으로 들어가는 문이 열리겠구나!"라는 생각이 머리를 스치기 때문이다.

성소의 입구에 다다르자 죄인은 아름다운 색깔로 만들어진 넓은 휘장 같은 문을 대하게 되는데, 그 휘장은 홍색실, 청색실, 자색실 그리고 가늘게 꼰 베실(흰색)로 수놓아 만들어져 있다(출 38:18). 이 휘장의 색깔들을 보면서 의아하게 생각하여 이것이 무슨 뜻이냐고 묻는 사람에게, 옆에서 안내를 맡은 제사장 중의 하나가 오더니 친절하게 다음과 같이 설명해 준다. "이 색깔들은 하나님의 지혜로서, 앞으로 오실 메시아의 구속 사역의 특성을 말해 주기 위해 만들어진 것이오."

청색은 성경에서 항상 "순종"을 상징한다(민 15:38-40 참조). 그래서 하나님께서는 이스라엘 백성에게, 당신의 법을 기억하여 순종하라는 표로 그들의 옷소매에 청색 술을 달고 다니도록 명하신 것이다. 이 청색은 하나님 아버지의 계명을 완전하게 순종하신 예수 그리스도의 생애를 상징한다(요 14:30,31).

홍색은 그리스도께서 죄인의 속죄를 위한 희생의 피를 상징하는 것으로서, 이 붉은색 물감은 그 당시에 "스칼렛"이라고 불리는 붉은 벌레를 말려서 채취한 것이다(그 벌레 이름을 따서 Scarlet, 즉 "붉은색"이라는 영어의 단어가 파생된 것임). 그것은 우리 죄인들을 위해 이 땅에 오시어 "벌레" 같은 생애를 사신 후 속죄의 붉은 피를 흘리심을 상징한다. 시편 22편 6절에는 "나는 벌레요 사람이 아니라 사람의 훼방거리요 백성의 조롱거리니이다"라고 부르짖으시는 말씀이 기록되어 있다.

자주색을 채취하기 위해서는 그 당시 지중해 속에 사는 특수한 조개들을 많이 캐내야 했는데, 그것들을 말려서 자색 물감을 만들어 냈었다. 이 물감은 귀족들이 입는 옷에만 물들여졌다. 귀족이나 왕이 입는 한 벌의 옷에 자주 물감을 들이기 위해서 수많은 조개를 캐내야 했기 때문에 그것은 아주 비싼 것이 아닐 수 없었다. 또한, 자주색은 청색과 홍색을 섞으면 만들어지는 것으로서, 예수 그리스도의 희생의 피와, 성령의 힘을 의지하여 사는 우리의 순종의 생애가 우리를 자주색이 상징하는 하늘의 왕족이 되게 한다는 사실을 무언으로 말해 주고 있다.

또한, 이 휘장들의 기본 바탕은 가늘게 꼰 베실로 이루어져 있는데, 이것은 다른 색깔의 실을 다 뜯어낸다 할지라도 바탕이 하얀 베실인 것처럼 속속들이 순결하고 깨끗한, 예수 그리스도의 의로운 생애와 성품을 상징하는 것이다.

5. 성소 입구

"만일 평민의 하나가 여호와의 금령 중 하나라도 부지중에 범하여 허물이 있었다가 그 범한 죄에 깨우침을 받거든 그는 흠 없는 암염소를 끌고 와서 그 범한 죄를 인하여 그것을 예물로 삼아 그 속죄제 희생의 머리에 안수하고 그 희생을 번제소에서 잡을 것이요"(레 4:27-29).

죄인과 그가 끌고 온 양을 보고 희생 제사를 맡은 제사장은 그를 안내하여 먼저 양이 흠이 있는지 없는지를 점검하는 일을 행하게 되는데, 바로 이것이 현대 제사장들인 목사들이 해야 하는 일이다. 즉 교인들의 회개의 경험이 진정한 것인지를 알아보며 도와주는 역할을 담당해야 한다.

가져온 양이 흠이 없는 제물인 것을 확인하고 나면 제사장은 죄인으로 하여금 양의 머리 위에 손을 얹고 자기가 지은 모든 죄를 고백하도록 한다. 그것이 "속죄제 희생의 머리에 안수하고"라는 말씀의 의미이다. 그것은 죄인의 죄가 양에게 전가되는 것을 의미하는데, 하나님께서 죄인의 죄를 용서하시면서 그저 덮어 주시고 잊어버리시는 것이 아니라 죄를 용서해 주시려고 죄 없는 구세주가 죄인들의 죄악들을 대신 짊어지시고 죽으셔야 한다는 사실을 명백하게 가르친다. 하나님께서 용서하시지만 그 대가는 갈보리이다. 죄 없는 자가 대신 죄의 대가를 지급해 주기 때문에 용서할 수 있는 것이다. **"하나님이 죄를 알지도 못하신 자로 우리를 대신해 죄를 삼으신 것은 우리로 하여금 저의 안에서 하나님의 의가 되게 하려 하심이니라"**(고후 5:21).

그러므로 십자가는 하나님의 율법을 폐하고 용서하시는 것이 아니라, 오히려 하나님께서 당신의 아들을 죽음에 내어주실 정도로 계명을 어긴 죄를 그냥 묵과하실 수가 없으며, 계명을 파하실 수가 없다는 강력한 증거가 되는 것이다.

그런데 만일 죄인이 양 위에 손을 얹고 죄를 고백한 다음에, 제사장이 "이제는 됐다! 용서받았으니 집으로 돌아가도 좋다."고 선언한다면, 그 죄인을 위한 용서의 과정이 다 끝난 것인가? 성경은 제사장이 그 양의 피를 가지고 성소에 들어가 휘장 앞에 일곱 번 뿌리고 그를 위해 속죄하는 중보의 기도를 드린 후에야 속죄함이 있다고 명시한다. **"제사장이 그 범한 죄에 대하여 그를 위해 속죄한즉 그가 사함을 얻으리라"**(레 4:26,35, 5:10,16, 6:7).

속죄는 십자가에서 완성되지 않았음이 분명하다. 속죄는 십자가에서 시작된 것이지 다 이루어진 것이 아니다. 예수님께서 부활 승천하신 후 하늘 성소에 들어가셔서 중보 사역을 이루고 계시는 일은 십자가 사역 못지않게 중요하며 또한 속죄 사역의 한 일부분이다. 그러므로 제사장이 죄인에게 어떻게 하나님께 나아가며, 어떻게 죄를 사함 받는 것이며, 어떻게 정결해지는지에 대하여 잘못 가르쳐 준다면, 그 사람은 용서받지 못한 채 마치 구원이 이루어진 양 안심하며 돌아가게 되는 것이다. 기독교에 들어온 새로운 자유주의 사조인 신신학(New Theology)의 치명적인 무서움이 바로 여기에 있다. 구원과 죄 용서의 문제를 잘못 가르쳐 주게 되므로 영혼이 멸망에 이르게 될 수 있는 것이다.

성소 입구에 대한 공부에 이어, 이제는 실제로 성소 뜰에서 무슨 일이 이루어지는지를 연구해 보도록 하자. 성소 뜰에서 드려지는 제사들을 보면 속죄제가 제일 먼저 언급되어야 하겠으나, 레위기가 설명해 주는 순서를 따라 번제에 대하여 먼저 살펴보기로 하겠다.

4장

성소의 제물들과 그 의미

(1) 번제

1. 번제를 이해한다 (The Burnt Offering)

번제는 자신을 하나님께 온전하게 바친다는 헌신과 봉헌의 의미로 드려지는 제사로서 레위기 1장에 제일 처음부터 등장하게 되는데, 하나님께서는 제사장들이 이 번제를 하루에 두 번씩, 즉 아침저녁으로 드리도록 명령하셨다. 이것은 하나님께서 우리가 이러한 생애를 살기를 바라신다는 의미로서, 번제는 하나님의 백성들의 생각과 말과 행동과 가장 깊이 숨어 있는 동기까지도 정결하기를 바라신다는 사실을 가르쳐 준다. 번제에 대하여 공부하면서 배우는 또 한 가지 놀라운 사실은, 의롭다고 인정받는 칭의와 거룩한 생애를 유지하는 성화는 동시에 시작되는 것이며, 그 성화의 경험은 매일 지속적으로 유지되어야 한다는 사실이다.

번제를 설명한 레위기 1장 3-8절을 먼저 읽어 보도록 하자. **"그 예물이 소의 번제이면 흠 없는 수컷으로 회막문에서 여호와 앞에 열납하시**

도록 드릴지니라 그가 번제물의 머리에 안수할지니 그리하면 열납되어 그를 위해 속죄가 될 것이라 그는 여호와 앞에서 그 수송아지를 잡을 것이요 아론의 자손 제사장들은 그 피를 가져다가 회막문 앞 단 사면에 뿌릴 것이며 그는 또 그 번제의 희생의 가죽을 벗기고 각을 뜰 것이요 제사장 아론의 자손들은 단 위에 불을 두고 불 위에 나무를 벌여 놓고 아론의 자손 제사장들은 그 뜬 각과 머리와 기름을 단 윗불 위에 있는 나무에 벌여 놓을 것이며 그 내장과 정갱이를 물로 씻을 것이요 제사장은 그 전부를 단 위에 불살라 번제를 삼을지니 이는 화제라 여호와께 향기로운 냄새니라."

물론 성소의 제사들이 우리 구세주 예수님의 희생과 대속의 사역을 상징하는 것은 사실이다. 그러나 성소 제도가 예수님 사역의 국면들을 상징해 주는 것인 동시에 주님을 따라가는 우리 믿는 자들의 생애의 단계들을 상징해 주는 것이기도 하다는 사실을 잊지 말아야 한다. 그러므로 이제 성소의 제사들을 설명하면서 그리스도인들의 개인적인 경험에 맞추어 설명해 보도록 하자.

번제는 하나님께 헌신과 봉헌을 뜻하는 제사로서 죄를 용서받은 자가 자신을 온전히 굴복하여 하나님께 드린다는 의미의 제사이다. 그래서 우리는 번제를 드릴 때에 하나님께서 제정하신 과정들을 살펴보면서, 하나님께서 우리에게 어떤 종류의 회개와 굴복의 경험을 하기를 원하시는지를 보게 되는 것이다.

먼저 번제를 드릴 때에 흠 없는 것으로 드려야 하며, 그 희생 제물의 머리에 손을 얹고 자기의 모든 죄를 고백해야 하며, 또 그 제물을 끌고 온 죄인 자신이 자기 손으로 그 동물을 칼로 죽여야 한다. 그것은 명백하게 자기의 죄가, 혹은 우리들의 죄과가 죄 없는 하나님의 어린 양을 찔러 죽게 했다는 것을 깨닫게 해 준다. 그리고 그 희생 제물의 피를 번제단 주위 단 사면에 뿌리게 되는데, 그것은 예수 그리스도의 피가 온 세상 방방곡곡에 효험이 있다는 보혈의 능력을 깨닫게 하기 위한 것이요, 나아가서 주님의 피는 우리를 구속할 뿐만 아니라 땅을 저주의 세력에서 구속하여 해방한다는 예증을 알게 하는 것이다.

로마서 8장 19–21절은 피조물들이 영광의 자유에 이르기 원하여 하나님의 성품을 이룬 하나님의 아들들이 나타나기를 고대한다고 말하고 있다. 다시 말해서 인간 때문에 저주를 받은 피조물들이 이 땅을 포함해서 원래의 상태대로 회복되기를 기다린다는 말씀이다.

다음 단계는 그 동물의 가죽을 벗기는 것인데, 그것은 지금까지 우리 자신의 욕구와 명예를 위해 살아온 교만의 가면을 벗어 버리고 이제는 하나님의 의의 옷을 입고 하나님을 위해 다시 살아가겠다고 서약하는 것을 의미한다. 이 번제는 회개하며 나아오는 죄인의 참된 중생의 경험을 설명해 준다.

그 다음에는 제물의 배를 위에서부터 아래로 가르고 나서 그 속에 있는 내장들과 모든 창자까지 끌어내어 맑은 물로 씻는 일이다. 이러한 예식은, 하나님께 대해 헌신한 우리의 생애를 다음과 같이 표현하는 것이다. "하나님! 저는 지금까지 저를 기쁘게 하려고 폐에 탁한 공기를 마셔 가며 심지어는 담배 연기까지 흡입해 가면서 살아 왔습니다. 이제부터는 이 폐를 가지고 당신의 영광만을 위해, 주님을 기쁘게 해 드리기 위해 살겠습니다. 하나님! 저는 이제까지 제 위장을 가지고 제 입맛을 위해 마음껏 먹고 나만을 위해 살아 왔습니다. 주님! 저는 이제 회개합니다. 앞으로는 먹든지 마시든지 무엇을 하든지 항상 주님의 영광만을 위해 살겠습니다."

일일이 내장들을 물로 씻으면서 철저한 굴복의 경험을 하도록 고안된 것이 바로 이 번제이다. 물은 성경에서 성령과 하나님의 말씀을 상징한다. 그러므로 우리는 물과 성령으로 거듭나야 한다는 가르침을 받고 있지 않는가? 거듭남이란 하나님의 진리의 말씀을 따라서, 성령의 감동을 통해 우리의 잘못된 것들을 깨끗이 씻고 고치는 것을 의미한다. 그리고는 새로운 마음을 받는 것이다.

제물의 머리를 자르고 두 다리를 자르라고 하셨는데, 머리는 우리의 속 깊은 곳에 자리 잡고 있는 생각들과 동기와 묵상들까지라도 하나님께 바쳐지는 것을 의미하며, 두 다리는 우리의 사는 생애와 겉으로 보이는 행위들을 맑은 물, 즉 성령과 말씀으로 깨끗하게 씻어 진리대로 개혁하는 것을 의미한다. 그리고 나서는 그 모든 부분을 번제단 위에 올려놓고 태운다. 그때, 그 냄새가 하나님께 향기로운 냄새가 된다고 했는데 그 이유는 두말할 나위 없이 죄인이 온전히 굴복하고 죄를 버리며 하나님께 완전히 헌신하는 냄새이기 때문이다. 우리는 고기가 타는 냄새를 맡을 때에 역겨운 기분을 가지게 되지만 하나님께서는 동물의 기름이 타는 냄새를 흠향하신다고 하였다. 속죄제를 연구할 때에 좀더 자세하게 설명하겠지만 하나님께서는 죄인이 죄를 포기하고 나오는 것처럼 기쁘게 받으시는 것이 없다.

2. 번제와 칭의의 경험

우리가 여기에서 한 가지 확실하게 이해하고 지나가야 할 것은, 완전한 굴복과 회개와 죄를 버리는 일이 일어날 때 우리는 칭의의 은혜를 경험한다는 것이다.

잘못된 신신학이 말하는 것처럼, 우리가 진리를 인정하거나 예수님을 믿게 될 때에 칭의를 받게 되고, 죄가 덮어지고, 성화의 과정에서 죄가 하나씩 점진적으로 해결되어 나가는 것이 아니다. 그것도 이미 용서로 구원은 따 놓은 것이고 조금씩 성장하며 점점 더 좋아져 나간다는 식의 가르침은 참된 칭의의 가르침이 아니다.

진실로 회개하고 칭의의 경험을 할 때에 믿는 자는 죄의 힘에서 해방되는 것이고, 그와 같이 깨끗하게 씻은 상태를 주님의 은혜와 성령의 도움으로 매일 유지해 나가는 생애를 성화라고 부르는 것이다. 성화에는 거룩해지는 일과 아울러 양적으로도 성장해 나가는 완숙된 경험이 함께 존재한다. 성령의 열매를 맺어나가는 경험이다(갈라디아서 5장에 기록된 성령의 열매들 참조).

물론 실수로 연약하여 넘어지는 죄들을 위한 하나님의 용서와 도움이 다 마련되어 있는 것도 사실이다. 한 가지 분명한 사실은 죄인이 회개할 때에 그의 죄를 용서하시고 그에게 새로운 마음을 주셔서 의롭게 재창조해 주시면서, 참으로 그 속사람을 의로운 사람으로 만드셨기 때문에 그를 의롭다고 칭해 주시는 것이다. 이것이 바로 "칭의"의 의미이다. 하나님께서는 속이 아직 불의한 자를 의롭다고 덮어서 칭해 주실 수가 없다. 그 자체가 거짓말이 되기 때문이다. 앞으로 계속해서 칭의와 성화의 경험을 이번 성소 연구를 통해서 더 밝히 이해해 나갔으면 한다.

또 한 가지 우리가 확실하게 알고 지나가야 할 것이 있는데, 그것은 많은 사람에게 있어서 복음에 대한 이해, 즉 믿음으로 말미암는 의에 대한 이해가 잘못되어 있다는 것이다. 우리가 아무리 어떠한 것을 진지하게 믿는다고 해도 그것이 진리에 맞지 않으면 우리를 구원하지 못한다. 많은 사람이 진지하게 오류를 믿고 살면서, 마치 구원의 길에 확실하게 서 있는 양 느끼고 있다는 것이다. 참으로 두려운 일이 아닐 수 없다. 성경에 나오는 한 비유에서 우리는 다음과 같은 중요한 교훈을 배우게 된다.

예수님께서 말씀하신 열 처녀의 비유에 나오는 미련한 다섯 처녀로 대표된 사람들은 외식하는 자들이 아니다. 그들은 진리를 존중히 여기고, 또 진리를 옹호하였고, 진리를 믿는 자들에게 매혹되었다. 그리고 그들도 신랑이 오는 것을 기다리는 슬기로운 처녀들과 합세한 자들이었다. 그러나 그들은 성령의 역사에 순종하지 않았다. 그들은 예수이신 반석 위에 떨어짐으로 저희의 옛 성질을 깨뜨려 버리지 않았다. 이 사람들은 또한 돌밭에 떨어진 씨로 묘사된 무리를 대표한다. 그들은 주저하지 않고 말씀은 받았으나 그 말씀의 원칙을 순종하지 아니하였다. 진정한 굴복과 회개의 경험이 부족하였다.

그들에게 말씀의 감화력은 순간적인 것이었다. 성령이 마음 가운데 역사 하게 되고 그 하나님의 요구를 승낙할 때에 그의 안에는 새로운 성품이 심어지게 된다. 그러나 미련한 처녀로 대표된 사람들은 단지 피상적이고 표면적인 행위로 만족하는 자들이다. 그들은 하나님을 알지 못한다. 그러므로 하나님을 의지할 줄도 모르고 하나님을 쳐다보고 살 줄도 모르는 사람들이다.

3. 번제와 아브라함의 경험

번제에 대한 설명을 마치기 전에, 우리는 아브라함의 경험인 창세기

22장 1,2절에서 한 가지 놀라운 사실을 발견한다. 이것은 매우 충격적인 말씀이다.

"그 일 후에 하나님이 아브라함을 시험하시려고 그를 부르시되 아브라함아 하시니 그가 가로되 내가 여기 있나이다 여호와께서 가라사대 네 아들 네 사랑하는 독자 이삭을 데리고 모리아 땅으로 가서 내가 네게 지시하는 한 산 거기서 그를 번제로 드리라."

우리가 정말 똑바로 읽은 것인가? 다시 한 번 읽어 보도록 하자. "그를 번제로 드리라" 아니, 정말 이것이 사실인가? 하나님께서 과연 아브라함에게 그의 독자 이삭을 진짜 번제로 드리라고 명하셨단 말인가? 모세가 혹시 단어를 잘못 사용한 것은 아닐까? 방금 공부한 것처럼 번제란 그 희생 제물의 배를 가르고 모든 내장을 꺼내어 물에 씻고 머리와 다리를 잘라 내고 제단 위에 올려놓고 태우는 것을 말하는 것이다. 혹자는 이렇게 말할지도 모른다. 아브라함은 번제에 대한 명확한 절차를 그 당시에는 잘 몰랐을 것이라고.

그러나 우리는 창세기 15장에서 아브라함이 하나님의 명령으로 소와 염소와 양과 비둘기들을, 다시 말해서 번제에 쓰이는 동물들을 가져다가 배를 가르고 두 쪽을 내어 땅 위에 늘어놓았을 때에, 하나님께서 당신의 영광의 불로 그 가운데로 지나가시면서 그 번제들을 직접 태워 주심으로 아브라함의 헌신을 받으시고 그와 언약을 맺으신 장면을 읽게 된다. 그 사실을 미루어 보아 아브라함은 번제의 의미를 알고 있었던 것임이 틀림없다. 하나님의 명령을 들었을 때에 아브라함은 얼마나 놀라고 고통스러웠겠는가!

그러나 그는 하나님을 사랑하였다. 하나님과 오래 사귀는 세월 동안 그는 자기의 불신과 실수들을 회개하고 이제는 하나님을 전적으로 믿으며 주의 명령이 아무리 엄하고 이치에 맞지 않는 것처럼 보일지라도 하나님을 신뢰하고 따라가며 온전히 순종할 준비를 하게 된 것이다. 사실 이삭을 통해 한 민족을 이루겠다고 약속하신 하나님께서 바로 그 이삭을 제물로 바치라니 도대체 이해할 수 없는 명령이었을 것이다. 자기가 20년 동안이나 정성껏 길러 온, 이 세상에서 가장 사랑하는 존재인 자기 아들을 죽이는 것도 상상조차 못할 일인데, 게다가 배를 가르고 불에 사뤄야 한다니, 세상에 이렇게 끔찍한 일이 또 있겠는가? 살인하지 말라고 하신 하나님께서 아들을 죽이라고 명령하시다니!

그러나 그는 하나님을 잘 알고 있었다. 분명히 정당한 이유와 목적을 가지고 계신 것을 그는 믿었다. 그는 하나님을 신뢰하고, 불가능에서 아들을 창조해 주신 하나님께서 필요하시다면 자기 아들을 부활시켜 주실 것이라는 믿음을 가지고 있었다.

우리는 흔히 아브라함을 믿음의 아버지라고 부르면서도 아브라함이 어떠한 종류의 믿음을 가지고 있었는지에 대하여는 자주 잊어버린다. 우리가 아브라함과 같은 믿음, 곧 야고보서가 말해 주듯이 행함으로 증명하는 믿음, 즉 모든 것을 아낌없이 헌신하면서 순종하는 믿음을, 아니 사랑으로 역사하는 믿음을 가지고 있다면, 우리는 분명히 아브라함의 자손이요, 모든 죄를 승리하고도 남음이 있는 참된 믿음을 가진 자라고 할 수 있겠다. 이러한 믿음을 배운 자들을 성경은 예수 그리스도에게 속한 자들이요, 또한 하나님의 이스라엘, 곧 교회라고 가르치는 것이다.

아브라함이 아내 사라를 깨우지 아니한 데에는 그 충분한 이유가 있음을 우리는 짐작할 수 있다. 이삭이 모리아산으로 올라가는 동안, 아버지에게 "불과 나무는 여기 있거니와 번제할 양은 어디에 있나이까?"라고 물었을 때의 심정을 아버지들이시여, 상상할 수 있겠는가? "여호와 이레 – 하나님이 자기를 위해 친히 준비하시리라"는 아브라함의 답변을 들으며 우리는 믿음이 무엇인지를 배우게 된다. 믿음은 "왜요?"라고 묻지 아니한다. 믿음이란 하나님의 말씀에 온 마음과 뜻과 정성과 목숨을 다하여 "네." 라고 대답하는 것이다.

아브라함이 드디어 모리아산 정상에서 아들의 손을 붙잡고 하나님께서 너를 번제로 드리라고 하셨다고 말해 주자 순종하는 이삭의 모습을 보라. 그는 늘 하나님께 순종하는 아버지를 보아 왔고 아버지를 통해서 하나님이 어떠하신 분인가를 잘 배워 온 터였다. 떨리는 아버지의 손을 도와서 자기를 묶도록 한 다음에 단 위에 드러눕는 이삭은 자원하는 마음으로 십자가에 달리신 예수님을 상징한다.

어떤 이들은 이렇게 생각할지 모른다. 하나님께서는 우리를 그렇게까지 하도록 요구하지 않으실 것이라고. 독자들이시여, 로마서 12장 1절을 읽어 보도록 하자. **"그러므로 형제들아 내가 내 하나님의 모든 자비하심으로 너희를 권하노니 너희 몸을 하나님이 기뻐하시는 거룩한 산 제사로 드리라 이는 너희의 드릴 영적 예배니라."**

아브라함은 이삭을 죽이는 척 가장하지 않았다. 그가 믿음의 손으로 칼을 아들을 향하여 내리치려고 할 때에 하나님의 음성을 들었다. "아브라함아, 아브라함아, 그 아이에게 손을 대지 말라. 아무 일도 그에게 하지 말라. 네가 네 아들 독자라도 내게 아끼지 아니하였으니 내가 이제야 네가 하나님을 경외하는 줄을 아노라." 눈물로 얼싸안은 아버지와 아들의 귀에 양의 울음소리가 들렸고, 그들이 고개를 들고 바라보니 한 수양이 있고 그 뿔이 수풀에 걸려 있는 것을 보고 가서 끌고 와 기쁨으로 번제를 드렸다. 성경은 바로 이 장소가 실제로 예루살렘 성전의 번제단 자리가 되었다는 사실을 말해 주고 있다. **"솔로몬이 예루살렘 모리아산에 여호와의 전 건축하기를 시작하니…"**(대하 3:1). 결국에는 이것이 믿음이요, 이것이 헌신이다.

하나님께서는 예표와 약속을 통해 **"먼저 아브라함에게 복음을 전하"**셨다(갈 3:8). 그리하여 그의 믿음은 오실 구세주를 기다리게 했다. 이삭을 대신해 번제로 드린 어린 양은 우리 대신 희생 당하기로 되어 있었던 하나님의 아들을 예표한다. 인간이 하나님의 율법을 범하여 죽을 운명에 처했을 때에 하나님 아버지께서 예수 그리스도를 쳐다보시며 죄인에게 "살라. 내가 대속물을 찾았노라."고 말씀하셨다.

하나님께서 아브라함에게 그의 아들을 죽이라고 명령하신 것은 그의 믿음을 시험하시는 동시에 복음의 실재를 그의 마음에 새기시기 위함이었다. 그 무서운 시련의 어두운 날 동안 그가 참은 고통은 자기의 경험을 통해 전능하신 하나님께서 사람을 구속하시기 위해 가르치신 무한하신 희생의 위대성을 깨닫게 하시려고 허락된 것이다. 어떤 다른 시험도 그의 아들을 제물로 드리는 것처럼 아브라함의 영혼에 고통을 줄 수 없었다.

그것처럼 하나님께서는 당신의 아들을 우리에게 주셔서 고뇌 속에서 수치스러운 죽음을 당하게 하셨다. 타락한 인류를 구원하시려고 영광의 왕이 생명을 버리셨다. 이것은 무한하신 하나님의 동정과 사랑이 주실 수 있는 얼마나 힘 있는 증거인가? 아브라함에게 요구하신 희생은 다만 그의 유익을 위함만이 아니고, 또 후대의 이익을 위함만도 아니었다. 그것은 하늘과 다른 세계들의 무죄한 지적 존재자들까지 함께 교훈하시기 위함이었다.

그리스도와 사탄 사이의 대전쟁, 곧 구속의 계획이 이루어지는 지구는 우주의 교과서이다. 아브라함이 하나님의 약속에 대한 신앙의 결핍을 보인 적이 있었기 때문에 사탄은 하나님과 천사들 앞에 그가 언약의 조건을 따르지 못했다고 비난하면서 하나님의 축복을 받을 자격이 없다고 그를 고소했었다. 하나님께서는 온 하늘 앞에서 당신의 종의 충성을 드러내 주심으로 완전한 굴복만이 받으시는 바 된다는 것을 증명하시고 또한 구속의 계획을 더욱 분명히 저들 앞에 밝히신 것이었다.

우리의 첫 조상인 아담과 하와에게 주어진 금지령을 순종하는 데에는 고통이 포함되어 있지 않았지만, 아브라함에게 하신 명령에는 가장 고통스러운 희생이 요구되었다. 온 하늘은 아브라함의 확고부동한 순종을 경이와 감탄으로 바라보았을 것이다. 온 하늘은 그의 충성을 칭찬하였을 것이다. 사탄의 고소가 거짓됨이 드러났다. 하나님께서 그분의 종에게 "네가 네 아들 독자라도 내게 아끼지 아니하였으니 내가 이제야(사탄의 비난에도) 네가 하나님을 경외하는 줄을 아노라"고 선언하셨다. 다른 세계의 거민들 앞에서 하나님께서는 아브라함에게 맹세로 굳게 하신 하나님의 언약을 따라 순종하는 생애에는 반드시 보상이 있을 것이라는 사실을 보여 주셨다.

아브라함에게 그의 아들을 제물로 드리라는 명령이 내렸을 때에 온 하늘 존재들의 관심이 집중되었을 것이다. 그리고 그들은 긴장된 열심을 가지고 이 명령이 성취되는 단계마다 주시하였을 것이다. "번제할 양은 어디 있나이까?"라고 한 이삭의 물음에 아브라함이 "하나님이 자기를 위해 친히 준비하시리라"고 대답했을 때에, 또 정말 아브라함이 그의 아들을 죽여 번제를 드리려고 하였을 때에 그리고 그 아버지의 손이 멈추어지고 하나님이 준비하신 어린 양이 이삭 대신에 드려졌을 때에, 우주의 천사들은 사람의 구원을 위해 하나님께서 마련하신 놀라운 구원의 비밀을 더 분명하게 이해하였을 것이다.

하나님을 따라가는 의인들이 결국에는 어떠한 믿음을 가지게 될 것인가에 대한 사실을 분명하게 보여 준 것이다. 하나님 아버지께서 인류의 구원을 위해 당신의 사랑하시는 독자, 예수님을 제물로 보내신 것처럼, 구원받은 죄인이 자기의 가장 사랑하는 것을 포기하고 주님 앞에 바칠 수 있는 의로운 마음을 가지게 된다는 사실을 깨닫게 된다. 그래서 구속 받은 인간은 거룩한 자들과 다시 이웃하여 지낼 수 있도록 안전해졌다는 사실이 입증된다.

⑵ 화목제

1. 화목제를 이해한다 (The Peace Offering)

"사람이 만일 화목제의 희생을 예물로 드리되 소로 드리려거든 수컷이나 암컷이나 흠 없는 것으로 여호와 앞에 드릴지니 그 예물의 머리에 안수하

고 회막문에서 잡을 것이요 아론의 자손 제사장들은 그 피를 제단 사면에 뿌릴 것이며 그는 또 그 화목제의 희생 중에서 여호와께 화제를 드릴지니 곧 내장에 덮인 기름과 내장에 붙은 모든 기름과 두 콩팥과 그 위의 기름 곧 허리 근방에 있는 것과 간에 덮인 꺼풀을 콩팥과 함께 취할 것이요 아론의 자손은 그것을 단 윗불 위에 있는 나무 위 번제물 위에 사를지니 이는 화제라 여호와께 향기로운 냄새니라" (레 3:1–4).

레위기에 나타난 성소 뜰에서 드리는 제사의 순서대로 다음은 위에 인용한 화목제의 의미에 대하여 공부해 보기로 하자. 이 화목제 역시 우리에게 하나님과 화목하는 방법을 말해 주는 의미심장한 경험에 대하여 제시해 주고 있다.

부언해서, 성소 제도는 하나님께서 우리 죄인들에게 어떻게 하면 우리가 하나님께로 돌아가 옛날의 상태로 회복할 수 있는지를 자세하게 설명해 주고 있다. 얼마나 고맙고 사랑과 은혜가 충만하신 우리 하나님이신가! 화목제는 회개한 죄인이 하나님과 화해하고 하나가 되었다는 사실을 표현하기 위해 드리는 제사이다. 번제와 화목제는 자원하는 제사이다. 속죄제나 속건제와 함께 드리는 자원하는 제물이다. 회개하고 주님께 나아가는 자들의 헌신과 감사를 뜻하는 제사이다.

2. 감사와 서원으로 드리는 화목제

화목제는 감사제인 동시에 하나님께 대한 자기의 서원(서약)을 드리는 제사이기도 하다. 이 화목제는 번제와는 달리 성만찬의 의미를 가진, 즉 그 제사에 포함된 인물들이 그 희생 제물의 고기를 같이 나누는 제사이다. 번제는 그 희생의 제물 전체를 번제단 위에 올려놓고 하나님 앞에서 완전히 불태워 버리는 반면에, 화목제는 그 희생양의 고기 중 하나님께 드리는 부분은 단 위에서 불태워 버리고, 제일 많은 부분을 희생을 드리는 사람에게 돌려주며, 제사장에게는 그 양의 가슴과 오른쪽 어깨와 두 뺨을 주게 되어 있었다(레 7장 참조).

하나님께 드리는 부분은 희생 제물의 기름만 잘라 내어 번제단 위에서 태우게 되어 있는데, 그 이유는 성소 제도에서 동물의 기름은 죄를 상징하기 때문이다. 시편 37편 2절은 다음과 같이 말씀해 주고 있다. "**악인은 멸망하고 여호와의 원수는 어린 양의 기름같이 타서 연기 되어 없어지리로다.**"

화목제를 드리는 사람은 제물의 고기의 일부분을 먹되 그날 온 식구들이 함께 모여 나누어야 하였다. 남은 것은 그 이튿날까지는 먹을 수 있었으나 삼 일째는 먹지 못하였으니 그 이유는 예수님께서 제 삼 일에 부활하실 것을 상징하기 때문이었다. 온 식구들은 예수 그리스도 메시아의 죽음을 통해서, 그의 살을 먹고 그의 희생에 동참함으로 살게 되었다는 사실을 가르침 받기 위해 이 예식을 행했다. 그러므로 화목제는 그들에게 무엇 때문에 그들이 다시 하나님께 받아들여진 바 되었는지를 깨닫도록 도와주었다.

3. 화목제가 주는 교훈

이 제사에서 한 가지 특이한 사실이 우리에게 깊은 감동을 주고 있다. 그것은 다름 아닌 제사장에게 돌아가는 분깃이었다. 화목제에 있어서만 그들은 그 예식을 집행하는 제사장에게 세 부분, 즉 앞가슴과 오른쪽 어깨(한국어 성경에는 오른쪽 뒷다리로 번역되었으나 실상은 오른쪽 어깨가 더 올바른 번역임) 그리고 양쪽 뺨을 도려내어 드리게 되어 있었다(레 7:28-32; 신 18:7 참조).

그것은 과연 무엇을 상징하는 것이었을까? 먼저 앞가슴 부분을 드리는 것은, 하나님께서 우리가 당신께로 회개하며 나아갈 때에 두 손을 벌리시고 당신의 가슴 안으로 우리를 끌어안으시며 환영하신다는 사실을 알려 주고 있다. 우리는 항상 하나님의 가슴 속에 있는 자들이다. 하나님께서 어떻게 우리를 잊으시겠는가! **"그는 목자같이 양 무리를 먹이시며 어린 양을 그 팔로 모아 품에 안으시며 젖 먹이는 암컷들을 온순히 인도하시리로다"**(사 40:11).

그런데 한 가지 알고 지나가야 할 것이 있다. 예수님께서 제자들과 함께 다락방에서 마지막 성만찬 음식을 잡수실 때에, 사랑하는 제자 요한은 예수님의 왼편에 앉아 있었기 때문에 비스듬히 식탁에 앉는 그들의 습관에 따르면 요한의 머리가 예수님의 가슴에 있었다. 그때 예수께서 너희 중의 하나가 나를 팔리라고 말씀하시자 베드로의 손짓을 받고 요한은 예수님께 물었다. "그가 예수의 가슴에 그대로 의지하여 말하되 주여 누구오니이까?"(요 13:25). 예수 그리스도의 맑고 꿰뚫는 듯한 눈동자 앞에 자기의 눈을 가져다 대고 올려다보면서 물은 것이다. 예수님의 눈과 요한의 눈이 가까이에서 마주 바라보고 있었다. 우리가 그러한 상황 속에서 거짓을 말할 수 있겠는가? 마음에 없는 말을 꾸며서 할 수 있겠는가? 하나님께 용납받는 자는 깨끗한 마음을 가지고 있어야 한다.

그 다음에 오른쪽 어깨를 떼어 드리는 이유는, 우리가 하나님과 화목한 이후에는 우리의 모든 생애가 하나님의 어깨에 매달려 있는 것으로서 이제부터는 하나님께서 우리의 모든 일을 책임지신다는 것을 상징하는 것이다. "이는 한 아기가 우리에게서 났고 한 아들을 우리에게 주신 바 되었는데 그 어깨에는 정사를 메었고"(사 9:6). 어린 시절, 아버지가 우리를 당신의 어깨에 얹고 목마를 태워줄 때에 우리는 얼마나 든든하고 안전감을 느꼈었는가? 우리의 생애는 예수님의 어깨 위에 있다는 사실을 기억하도록 하자.

그 다음은 제물의 양쪽 뺨을 도려내어 드리도록 하였는데, 그것은 하나님께 우리의 모든 생애를 바치고 헌신한 후에는 하나님의 성품으로 살아야 한다는 사실을 주지시켜 주는 것이라 하겠다. 우리가 한쪽 뺨을 얻어맞을 때에 다른 쪽 뺨을 돌려대라는 주님의 가르침처럼 말이다. "나를 때리는 자들에게 내 등을 맡기며 나의 수염을 뽑는 자들에게 나의 뺨을 맡기며 수욕과 침 뱉음을 피하려고 내 얼굴을 가리우지 아니하였느니라"(사 50:6). 화목제는 참으로 우리에게 하나님과 화목하는 자의 경험을 너무나 잘 요약하여 묘사해 주고 있다. 우리에게 구원의 경륜을 이렇게 자세하고도 실제적인 실물 교훈을 통해 가르쳐 주고 계신 하나님께 감사와 찬송을 돌리도록 하자.

4. 죄를 정결하게 하는 세 가지

한 가지 언급하고 지나가야 할 것이 있는데, 그것은 성소 뜰 안에서 죄를 정결케 하는 세 가지 것들이다. 피와 불과 물이다. 피로서는 죄를 그 원천인 마음과 동기부터 씻어 주고, 불은 그 죄를 태워 없애며, 물은 그 죄의 생애와 행동을 씻어 주는 것을 의미한다. 특별히 레위기는 생명이 그 피에 있다고 가르치고 있다. 피는 우리의 혈관을 따라 돌면서 영양분과 산소를 공급해 주는 반면에, 저 끝 말초 신경에 이르기까지 쌓여 있는 불순물들을 다 받아 내와서 걸러 내는 역할도 하는 것이다. 하나님의 생명력과 복음의 능력이 임할 때에는 우리의 죄가 나가고 정결케 된다는 사실을 확신하도록 하자.

그런데 성소 뜰에서 행해지는 제사 중에서 희생 제물의 피가 성소 안으로 들어가 제사장에 의하여 뿌려지는 것은 속죄제 때에만 이루어진다. 피가 성소의 휘장 앞에 뿌려지는 것은 영적으로 우리의 고백한 죄가 하늘 성소의 기록책으로 옮겨진다는 사실을 의미하는 것이다. 다시 말해서, 우리의 죄가 하늘의 성소로 옮겨지지 아니하면 중보 기도를 통한 죄의 용서가 있을 수가 없으며, 우리가 용서를 받는다고 해도 우리 죄의 기록은 우리가 죄의 도말을 받을 때까지 하늘 성소에 남아 있게 되어 대속죄일에 죄의 도말을 받게 된다는 사실을 깨달을 필요가 있다.

③ 속죄제

1. 속죄제를 이해한다 (The Sin Offering)

속죄제는 죄지은 자가 자기의 죄를 용서함 받기 위해 드리는 제사로서 가장 중요한 제사라고 해도 과언이 아닐 것이다. 죄 없는 어린 양의 피가 우리의 죄를 속하는 사실을 분명하게 실물 교훈을 통해 죄인에게 실감시키는 제사이다. 피는 그 생애에 따라서 가치가 생기는 법이다. 죄를 지은 우리들의 피는 죄를 속하는 힘이 있을 수가 없다. 그러나 죄를 한 번도 지은 적이 없는 예수 그리스도의 피는 보혈이 되어 우리의 모든 죄를 씻는 샘물이 되는 것이다. 법을 만드신 하나님의 죄 없으신 피가 우리 죄를 대신해 흘려짐으로 우리가 다시 새로운 생명 가운데 살게 되었다. "샘물과 같은 보혈은 임마누엘 피로다. 이 샘에 죄를 씻으면 정하게 되겠네. 정하게 되겠네. 정하게 되겠네. 이 샘에 죄를 씻으면 정하게 되겠네."라는 찬송처럼.

속죄 제물은 그 가죽 안과 내장에 붙어 있는 기름만 잘라 내어 번제단에서 태우고 그 나머지는 진 밖으로 가지고 나가 태워 버리게 된다. 기름은 악인과 죄를 상징하는 것이기 때문이다. **"악인은 멸망하고 여호와의 원수는 어린 양의 기름같이 타서 연기되어 없어지리로다"**(시 37:20). 이처럼 죄는 태워 버리지 아니한 악인들을 새 예루살렘의 진 밖에서 유황불에 태워 죽임을 당하게 한다(계 20장 참조).

2. 속죄제가 주는 교훈

속죄제로 드리는 제물을 가져오는 일부터 우리는 교훈을 배우게 되는데 그것은, 제사장이나 혹은 이스라엘 온 회중이 범죄하였을 때에는 수송아지를 가져오게 되어 있다는 것이다. 수송아지는 제물 가운데서 가장 값비싼 것이었는데, 그것은 지도자의 죄는 하나님 앞에서 온 백성이 다 함께 지은 죄와 같이 중하게 취급하신다는 교훈이다. 그러므로 교회 지도자들이 배도하면 온 백성이 따라서 배도하게 되며 함께 멸망 받게 되는 것이 상례이다.

그러므로 가르치는 입장에 있는 자들의 책임이 얼마나 엄숙한가! 교인들에게 잘못된 복음을 가르쳐 놓으면 온 교회가 망하는 것이다. 또한, 지도자가 진정한 의미의 속죄제를 경험하지 않고서 어떻게 그들을 인도할 수 있겠는가?

백성의 족장들 중 하나가 범죄했으면 그 다음으로 비싼 수염소를 제사로 드려야 하였고 평민 가운데 하나가 범죄하였으면 암염소나 양을, 아니면 형편에 따라 비둘기를 가져오도록 하였다. 이처럼 같은 죄라도 책임 한계에 따라 다르게 취급되는 것을 알게 된다. 다시 말해서 자기가 맡은 직분과 의무의 중요성에 비례하여 그들의 죄의 심각성도 커진다는 사실이다.

속죄제는 죄인이 죄를 용서받기 위한 유일한 제사 제도라고 해도 과언이 아니라 할 수 있다. 왜냐하면, 제사장이 속죄의 피를 성소로 가지고 들어가 휘장 앞에 일곱 번 뿌리고 나서 중보 기도를 드림으로 죄인의 죄가 용서받는 제도는 이 제사밖에는 없기 때문이다.

속건제는 속죄제에다 피해의 보상을 더해 준 제도라 할 수 있으며, 또한 알고 지은 죄에 대한 속죄의 가능성이 포함된 제사인 것이다. 그러나 번제나 화목제는 그 자체가 죄를 속하는 제사일 수는 없으며, 속죄제를 드린 후에 같이 드리는 헌신과 감사의 제사들인 것이다. 그러한 의미에서 속죄제는 가장 중요한 제사이다.

3. 속죄제를 통해 생각해 보는 믿음과 회개

속죄제를 설명하기에 앞서 잠깐 믿음과 회개에 대한 한 가지 중요한 사실을 생각해 보고 지나가도록 하자. 믿음과 회개는 선물이라고 말한다. 왜 그것이 선물일까? 어린아이가 어머니의 품 속에서 자라나면서 어머니의 따뜻한 사랑과 돌보심, 곧 젖을 먹여 주고 기저귀를 갈아 주며, 추위와 더위에서 돌보아 주며, 또 위험과 아픔에 대처하여 간호해 주는 자상한 손길을 경험하고 피부로 느끼며 성장해 온 아이는 어머니를 신뢰하고 믿는 일이 너무나 자연스러운 일이다. 어머니를 믿지 말라고 해도 믿지 않을 수 없는 자연적인 느낌과 신뢰의 발로인 것이다. 어머니를 믿는 것 이외에 달리 다른 일을 할 수가 없다. 왜냐하면, 어머니의 사랑을 경험하였기 때문이다. 그러한 의미에서 그 아이는 어머니에게서 믿음을 선물로 받은 것이다.

마찬가지로 우리도 하나님의 역사와 사랑을 경험하면서 하나님을 신뢰하게 되는데, 그러므로 곧 믿음은 선물인 것이다. 그러한 의미에서 회개도 하나님께서 주시는 선물이다. **"이스라엘로 회개케 하사(영문에는 "회개를 주시기 위해"로 되어 있음—필자 주) 죄 사함을 얻게 하시려고 그를 오른손으로 높이사 임금과 구주를 삼으셨느니라"**(행 5:31).

예수님께서는 우리에게 회개를 선물로 주시기 위해 이 땅에 오셨는데, 죄인들이 주님의 십자가를 바라볼 때에 너무나 엄청난 사랑과 희생을 목격하며 하나님의 진정한 성품을 이해하면서 어쩔 수 없이 무릎을 꿇고 자기의 악함을 자복하며 회개하게 되는 것이다. 그러므로 회개는 하나님께서 십자가를 통해 인간의 마음속에 넣어 주시는 하나님의 선물인 것이다.

속죄제는 바로 하나님께서 죄인들을 용서하시되 어떠한 대가를 지불하셔야 하는지를 보여 주심으로 인간이 죄를 미워하고 의를 사랑하게 하시는, 다시 말해서 우리에게 회개를 불러일으키시기 위해 고안된 제사 제도인 것이다. 그래서 속죄제는 우리에게 특별한 의미가 있다.

"만일 이스라엘 온 회중이 여호와의 금령 중 하나라도 그릇 범하여 허물이 있으나 스스로 깨닫지 못하다가 그 범한 죄를 깨달으면 회중은 수송아지를 속죄제로 드릴지니 그것을 회막 앞으로 끌어다가 회중의 장로

들이 여호와 앞에서 그 수송아지 머리에 안수하고 그것을 여호와 앞에서 잡을 것이요 기름 부음을 받은 제사장은 그 수송아지의 피를 가지고 회막에 들어가서 그 제사장이 손가락으로 그 피를 찍어 여호와 앞, 장 앞에 일곱 번 뿌릴 것이며 또 그 피로 회막 안 여호와 앞에 있는 단뿔에 바르고 그 피 전부는 회막문 앞 번제단 밑에 쏟을 것이며 그 기름은 다 취하여 단 위에 불사르되 그 송아지를 속죄제의 수송아지에 한 것같이 할 것이며 제사장이 그것으로 회중을 위해 속죄한즉 그들이 사함을 얻으리라 그는 그 수송아지를 진 밖으로 가져다가 첫 번 수송아지를 사름같이 사를지니 이는 회중의 속죄제니라"(레 4:13-22).

4. 기름을 태우는 것

속죄제를 드릴 때에는 그 희생 동물의 전부를 태우는 것이 아니고 그 동물의 기름만 태우게 되어 있었다. 지난 장에서 공부한 것처럼, 기름은 죄를 상징하는 것으로서 시편 37편 20절은 "악인은 멸망하고 여호와의 원수는 어린 양의 기름같이 타서 연기되어 없어지리로다"라고 말씀하고 있다. 우리가 고기 타는 기름 냄새를 맡으면 구역질이 나게 마련이다.

그런데 하나님께서는 성소 제사에서 이러한 고기 태우는 냄새를 좋아서 흠향하신다고 기록되어 있다. 왜 그럴까? 그 이유는 당연하다. 우리가 우리의 죄를 포기하고 고백하며 하나님께 드릴 때에 얼마나 기뻐하시겠는가? 그것이 기름만 골라내어 태우는 속죄제의 의미이다. 속죄제에서는 기름을 완전히 도려내어 단 위에 태우고 나머지 고기는 진 밖에 나가서 불태워 버려야 하였다. 그것 역시 죄를 굴복시키지 않고 품고 있던 죄인들이 당하는 최후의 운명을 설명하는 것이다. 하나님의 성도들이 있는 새 예루살렘이 하늘로부터 내려와 이 세상이 새로운 하늘과 땅으로 재창조되는 때에 성밖에 있는 악인들은 유황불로 최후의 멸망을 맞게 된다. 죄를 버리지 않은 악인들을 태움으로 죄의 역사가 드디어 끝나게 된다. 이 성소 문제를 공부하면서 깨닫게 되는 것은, 기독교의 모든 기본 교리들은 성소 제도를 통해서 증명될 수 있다는 점이다.

5. 속죄제의 진정한 의미

A. 속죄제에 나타난 용서

속죄제에 있어서는, 기름 부음을 받은 제사장이 범죄했을 때나 온 회중이 다 함께 범죄했을 때, 그 속죄 제물의 피를 가지고 성소 안으로 들어가 지성소를 가리는 휘장 앞에 피를 뿌리고 제사장이 중보 기도를 드리게 되어 있었다. 그러나 어떤 평민이나 개인이 범죄했을 경우에는 그 피가 성소 안으로 들어가지 않았다. 피가 성소 안으로 들어가지 못하면 죄가 성소 안으로 옮겨질 수가 없고, 그렇게 되면 제사장이 그 사람의 죄를 대신해 기도해 줄 수가 없는 것이다.

죄인이 양의 머리 위에 손을 얹고 죄를 고백하면 그 죄가 양에게 전가되는 것이고, 그 죄인이 양을 죽인 후 제사장은 그 피를 받아 성소로 들어가는 것이므로, 곧 그 피 속에 죄인이 고백한 죄가 들어 있는 것이다. 일반 개인이 속죄제를 드릴 때에는 피가 성소로 들어가지 않고 번제단 주위에 뿌려지고 나머지는 단 밑에 붓게 되어 있었다.

그런데 속죄제를 드리던 죄인이 양의 피가 성소 안으로 들어가지 않는 것을 보자 너무 의아스러워서 제사장에게 이렇게 묻는다. "아니, 제사장님! 나의 죄를 고백한 그 양의 피가 성소에 들어가지 않으면 어떻게 내 죄가 성소 안으로 옮겨지며, 어떻게 당신이 내 죄를 위해 중보의 기도를 하나님께 드릴 수가 있겠습니까? 어떻게 되는 건가요, 제사장님?" 그때에 제사 드리러 온 그 사람을 쳐다보며, 친절하게 설명해 주는 제사장의 모습을 상상해 보라. 그는 자상하지만 아울러 엄숙하게 그 사람에게 다음과 같이 속죄의 의미를 설명한다.

"자, 형제여 보십시오. 피가 들어가지 못하면 당신의 죄가 성소로 옮겨지지 못한다는 것이 사실입니다. 그런데 당신의 죄가 옮겨지는 또 다른 하나의 방법이 있습니다." "어떻게요?" "자, 보십시오. 이제 내가 이 양의 고기를 조금 떼어서 먹겠습니다. 당신이 고백한 죄가 이 양에게 전가되었지 않았습니까? 이제는 그 죄가 내 몸으로 전가되는 것이지요. 이제부터는 그 죄가 당신의 죄만이 아닙니다. 이제 그 죄들은 곧 나의 죄가 되었습니다. 나는 이제 성소로 들어가, 당신의 죄를 위해, 아니 바로 나 자신의 죄를 위해 기도하려고 합니다. 그러면 자비로우신 하나님께서 우리의 죄를 용서해 주실 것입니다. 내가 기도드리는 동안 당신도 여기에서 간절한 참회의 기도를 드리십시오!"

제사장은 또 이어 말하기를, "이제 먼 훗날에 하나님께서 메시아를 보내실 터인데, 바로 죄가 전혀 없으신 그분이 우리의 죄를 대신 지시고 여기에 있는 이 양처럼 죽음을 당하실 것입니다. 그의 죽으심과 상하심 때문에 우리가 용서를 받고 나음을 받게 될 것입니다. 나는 바로 그분을 예표하기 위해 이 제사를 행하는 것입니다"(레 6:25–30 참조). 이 말을 듣고 서 있는 죄인이 얼마나 큰 감동을 받겠는가! 자기가 양을 죽일 때에 이미 그는 죄 없는 양이 자기 대신 이렇게 무참하게 죽어야만 자기의 죄가 사하여질 수 있다는 사실을 배웠고, 죄의 결과의 무서움을 벌써 느끼기 시작한 터이다. 그런데 이제는 그것을 더욱더 생생하게 보고 느낄 수 있는, 제사장이 자기의 죄를 대신 진다는 분명한 사실 앞에 떨며 서게 된 것이다.

그는 눈물을 흘리면서, 마치 옛날 에덴동산에서 아담이 하나님께 부르짖은 것처럼 이렇게 소리쳤을 것이다. "제사장님! 나는 내가 지은 죄를 미워합니다. 나를 용서해 주십시오. 아니, 하나님께 말씀드려 주세요. 나는 다시는 이러한 죄를 짓고 싶지 않다고 말입니다. 나는 이제 죄가 싫습니다. 나는 하나님의 율법을 기쁜 마음으로 순종하며 살고 싶습니다!" 이때 드디어 속죄제의 그 의미가 죄인에게 실현된 것이다. 하나님께서 이 속죄제를 고안하신 이유가 바로 여기에 있는 것이다. 죄인으로 하여금 자기의 죄가 용서받기 위해 어떠한 일이 이루어져야 하는가를 깨닫도록 하는 것이었다. 다시 말하자면 하나님께서 죄인들의 죄를 용서하시기는 하나 그 대가는 예수 그리스도의 십자가인 것이다.

용서란 그저 하나님께서 그 죄를 단지 간과하시고 잊어버리시는 것이 아니라 무한한 대가를 치러야 하는 것이다. 우리는 하늘에 가서 예수님께서 어떠한 희생을 치르시고 어떻게 영원히 그의 본질이 바뀌셨는지를 보기 전까지는 주님의 희생을 완전히 이해할 수가 없을 것이다. 그러므로 속죄제는 죄인으로 하여금 자기의 죄가 용서받기 위해 어떠한 일이 이루어져야 하는가 깨닫게 하고, 아울러 그 죄를 미워하고 의를 사모하게 하는 것이라고 할 수 있는데, 그것이 바로 하나님께서 속죄제를 고안하신 목적이라 하겠다.

고린도후서 5장 21절은 "**하나님이 죄를 알지도 못하신 자로 우리를 대신해 죄를 삼으신 것은 우리로 하여금 저의 안에서 하나님의 의가 되게**

하려 하심이라"고 기록하고 있다. 또한, 베드로전서 2장 24절은 다음과 같이 말씀하고 있다. **"친히 나무에 달려 그 몸으로 우리 죄를 담당하셨으니 이는 우리로 죄에 대하여 죽고 의에 대하여 살게 하려 하심이라."** 이 얼마나 생생한 묘사인가! 예수님께서 우리의 죄를 친히 당신의 몸에 지시고 담당하셨다고 말씀하신 것이다.

B. 속죄제와 예수님의 대속

그런데 한 가지 확실히 이해하고 지나가야 할 사실이 있다. 어떻게 예수님께서 당신의 몸으로 우리의 죄를 대신 지셨는가? 예수님께서는 진실로 우리의 죄 그 자체가 되어 죄인이 자비가 섞이지 않는 심판을 지나가는 것을 대신 경험하셨다. 예수님께서 인간의 죄를 짐에 따라 하늘 아버지께로부터 분리됨을 느끼며 겟세마네 동산에서 당했던 말할 수 없는 고민에 대하여 우리는 희미한 개념밖에 가질 수가 없다. 그분은 타락한 인간을 위해 죄가 되셨다. 하늘 아버지의 사랑이 아들 예수로부터 거두어짐을 느낄 때에, 그분의 고민에 찬 심령은 다음과 같은 비통한 말씀을 발하였다. **"내 마음이 심히 고민하여 죽게 되었으니 … 만일 할만 하시거든 이 잔을 내게서 지나가게 하옵소서."**

영원히 신비로 남게 될 무한한 사랑 외에는 어떤 것도 예수님께서 하늘의 존귀와 위엄을 버리고 죄된 세상에 오셔서 그분이 구하고자 오신 자들에게 무시와 멸시와 배척을 받으시고 마침내 십자가 상에서 돌아가신 이유를 설명할 수 없을 것이다. 십자가에서 그리스도의 생명이 그렇게 신속히 끊어진 것은 육체적 고난 때문이 아니었다. 그것은 그분을 짓누르는 세상 죄악의 무게 때문이었다.

하늘 아버지의 영광과 유지하시는 임재가 그분을 떠났으며 절망이 그 흑암의 짓누르는 무게로 그분을 눌렀으므로, 그분의 창백하고 떨리는 입술은 "**나의 하나님, 나의 하나님, 어찌하여 나를 버리셨나이까?**"라는 고통의 부르짖음을 발하지 않을 수 없었다. 의혹이 운명 중에 계신 하나님의 아들을 공격했고, 그분은 무덤의 입구 너머를 보실 수 없었다. 그분이 정복자로 무덤을 나설 것과 아버지께서 그분의 희생을 받으실 것이라는 밝은 희망이 그분에게 제시되지 않았다. 세상의 죄가 그 모든 두려움 가운데 하나님의 아들에게 절실히 느껴졌다. 죄에 대한 하늘 아버지의 불쾌와 그 형벌, 즉 죽음이 이 놀라운 흑암을 통해 그분이 인식할 수 있었던 전부였다. 죄가 하늘 아버지의 목전에 너무 가증하므로 하늘 아버지께서 당신의 아들과 화해할 수 없지나 않을까 하는 두려움의 유혹을 그분은 받으셨다. 예수님은 당신의 아버지께서 혹시 자기를 영원히 버리시는 것은 아닌가 하는 고뇌로 뼈 속 같은 고통을 느끼셨다. 예수님께서는 하나님의 심판이 죄인들에게 내려질 때 죄인들이 느낄 그 절망을 느끼셨다.

하나님은 인간이 받아야 할 죄의 형벌을 대신 담당하기로 한 당신의 사랑하는 아들에게 지금까지 주셨던 가납하심과 인정하심에 대한 확신을 이제 제거하셨음으로, 믿음과 희망은 그리스도의 숨이 끊어지는 고통 가운데서 흔들렸다. 그리하여, 그때 세상의 구세주는 지금까지 그를 강건하게 하여 온 증거, 즉 하늘 아버지께서 그분의 수고를 가납하셨고 그분의 사역을 기뻐하셨다는 과거의 기억들을 의존하며 하나님을 신뢰하였다. 고통 가운데 그분의 고귀한 생애를 마치면서, 오로지 믿음만으로 당신이 항상 즐겨 순종하던 하나님을 의뢰하셨던 것이다. 그분은 좌우편 어디에서도 명확하고 밝은 희망의 빛줄기로 격려를 받지 못하셨다. 모든 것이 짓누르는 흑암에 둘러싸여 있었다. 동정하는 천연계에까지 느껴진 그 두려운 흑암 가운데서, 구주께서는 그 신비의 잔을 마지막 한 방울도 남기지 않고 다 마시셨다. 장래에 대한 희망과 승리의 확신도 없이 주님은 큰 목소리로 부르짖으셨다. **"아버지여 내 영혼을 아버지 손에 부탁하나이다"**(눅 23:46).

C. 속죄제 속에서 보는 예수님의 사랑과 고난

어떤 사람들은 속죄에 대해 제한된 견해를 가지고 있다. 그리스도께서 하나님의 율법의 형벌 중 작은 부분만을 당하셨다고 생각하며, 하나님의 진노가 당신의 사랑하시는 아들에 의해 느껴졌지만 예수님은 그 고통스러운 고난의 전 과정을 통해 하늘 아버지의 사랑과 가납하심의 증거를 가지셨으며, 무덤의 문은 밝은 희망으로 밝혀졌고 그리고 장래 영광의 계속적인 증거를 가지셨다고 가정한다. 이것은 올바른 생각이 아니다. 그리스도의 가장 심한 고민은 죄에 대한 하늘 아버지의 불쾌히 여기심을 깨달았기 때문이었다. 이로 말미암은 심적 고통은 너무나 진했으므로 그에 대해 인간은 단지 희미한 개념밖에 가질 수 없다. 그리스도의 고난이 단지 육체적인 고통뿐이었다면, 그분의 죽음은 다른 순교자들의 죽음보다 더 고통스럽지 않았을 것이다. 고통을 당하지만 기쁨으로 죽어가던 순교자의 죽음과 그분의 죽음은 얼마나 달랐는가!

사실 육체적인 고통은 하나님의 사랑하시는 아들의 고뇌의 작은 부분에 불과했다. 세상의 죄가 그분을 눌렀으며, 범하여진 율법의 형벌을 당하는 동안 죄로 인해 하늘 아버지와 분리되는 깨달음이 그분을 눌렀던 가장 큰 고통스러움이었다. 죄가 일으킨 하나님과 인간 사이의 분리가 무고하게 고난당하는 예수님에게 충만하게 인식되었으며 날카롭게 느껴졌다. 그분은 흑암의 세력에 의해 압제를 당하셨다. 그분에게는 장래를 밝혀 주는 빛줄기가 한줄기도 비치지 않았다. 아, 얼마나 위대하고 놀라운 사랑인가! 예수님께서는 우리의 죄를 위해 영원히 죽어 없어진다고 해도 우리를 구하실 수만 있다면 그렇게 하겠다는 죽음보다 더 강한 사랑을 나타내셨다. 그것이 바로 십자가이다.

독자들이시여, 여러분은 이러한 예수 그리스도께 여러분의 마음을 모두 바쳤는가? 그리고 모든 죄를 버리고 그분의 발 앞에 엎드려 다시는 주님을 십자가에 못 박은 죄를 반복하기 원치 않으니 승리할 수 있는 힘을 주시기를 기도하였는가? 그리고 주님 뜻대로만 살기로 결심하였는가? 그렇다면, 당신은 바로 속죄의 경험을 맛본 것이다. 만일 그러한 경험이 없다면 지금이라도 늦기 전에 십자가 밑에서 무릎을 꿇기를 바란다. 아직도 주께서는 하늘 지성소에서 그대를 위하여 기다리고 계신다. 어떤 사람들은 예수님께서 돌아가실 때인 2,000년 전에 자기가 거기에 없었기 때문에 자기가 예수님을 죽였다고 생각하지 않는 사람들이 있다. 생각해보자. 예수님께서 돌아가신 것은 십자가에 달리는 육체적인 고통 때문이 아니다. 그 이유는 우리의 죄의식들을 대신 지시고 느끼심으로 말미암아 그분의 심장이 파열되었기 때문이다. 그러므로 주님은 바로 우리의 죄 때문에 돌아가셨고, 우리의 죄가 그를 찔러 돌아가시게 한 것이다.

예수님께서는 십자가 위에서 천천히 신음하시면서 돌아가신 것이 아니요, 크게 소리를 지르시고 고개를 갑자기 떨구시고 돌아가셨다. 로마 군병이 창으로 그의 옆구리를 찌르자 피와 물이 흘렀다고 성경은 말하고 있다. 이러한 것들은 예수께서 심장이 터져서 돌아가셨다는 과학적인 증거들이다. 그리스도께서는 범죄한 인류를 위해 자비와 은혜의 시간이 지난 마지막 심판의 때에 죄인이 느끼게 될 고민을 느끼셨다. 그가 마신 잔을 그처럼 쓰게 하고 하나님 아들의 심장을 파열시킨 것은 인류의 대리자이며 죄가 되셨던 그에게 아버지의 분노를 가져오게 한 죄의식이었다. 예수님의 고난의 장면을 예언한 시편에서 우리는 다음과 같은 말씀을 읽게 된다. **"무수한 재앙이 나를 둘러싸고 나의 죄악이 내게 미치므로 우러러볼 수도 없으며 죄가 나의 머리털보다 많음으로 내 마음이 사라졌음이니이다"**(시 40:12). 우리의 많은 죄악이 바로 예수 그리스도 자신의 죄악이 되어서, 나의 죄악이 머리털보다 많다고 하였다. **"그러므로 내 마음이 사라졌음이니이다."** 다시 말해서 심장이 터졌다는 예언의 말씀인 것이다. 이것을 생각해 볼 때, 어떻게 우리가 계속하여 죄를 범함으로 하나님의 아들을 십자가의 고통으로 계속 끌고 갈 수가 있을까? 그러므로 우리가 죄를 그치고 모든 유혹에 승리하여 하나님의 성품을 닮을 수 있는 유일한 길은 곧 하나님의 사랑을 보고 거기에 감동되어 우리도 그러한 사랑을 나타내는 길밖에는 없는 것이다.

시내산에서 모세에게 돌비를 주실 때에 번개와 우레와 지진과 흑암이 있었다. 마찬가지로 갈보리에서 하나님의 아들이 돌아가실 때에 십자가의 주위에 번개와 우레와 지진과 흑암이 있었다. 그것은 바로 하나님께서 십자가 위에서 새 언약을 세우고 계셨다는 증거이다. 옛 언약의 마음 상태를 가지고 하나님의 계명을 지킬 수 없었던 사람들에게 하나님의 지극하신 사랑을 현시하심으로 성령을 통해 우리의 마음과 생각 속에 당신의 율법을 기록하여 주시는 것이다. 하나님의 속죄의 은혜에 너무나 감동되어 우리의 마음이 녹아질 때에 히브리서에 있는 새 언약의 약속이 이루어지는 것이다. **"주께서 가라사대 그날 후로는 저희와 세울 언약이 이것이라 하시고 내 법을 저희 마음에 두고 저희 생각에 기록하리라 하신 후에"**(히 10:16). 그 후에 우리는 시편에 다윗이 기록한 말씀대로 살 수 있게 되는 것이다. **"그러므로 내가 주의 계명을 금 곧 정금보다 더 사랑하나이다"**(시 119:127).

이러한 속죄제의 이해에서 볼 때에 죄는 성소 뜰에서 끝나는 것이다. 모든 죄는 고백 되고 버려져서 의롭게 되는 상태를 가리켜 칭의(稱義)라고 하는 것인데, 이것이 바로 성소 뜰에서 이루어지는 경험이다. 성소 뜰에서 속죄제와 번제를 드린 사람은 드디어 믿음으로 제사장을 따라 성소 안으로 들어가 주님과 동행하는 성화의 과정을 시작할 수가 있게 된다. 성소 안에는 죄를 속하는 제사가 없으므로 성화의 과정에서 연약하여 실수하거나 범죄한 사람들은 다시 양을 가지고 와서 제사를 드린 후 성소로 들어가야 한다. 다시 말해서 죄를 지으면 반드시 그 죄에 대해 죽고 다시 살아나는 거듭나는 경험을 해야 하는 것이다. 우리의 중생의 경험은 매일의 경험이 되어야 한다.

우리가 성소에 대해 연구하지 않고 그것에 대한 이해를 잃어버렸기 때문에 하나님의 백성을 기만하여 거짓 구원의 확신과 가짜 영적 경험과 안전감을 불러일으키는 자유주의 신신학의 가르침과 강조가 이렇게 교회 안에 파다한 것이다. 여러분이 진실한 그리스도인들이라면 성소에 나타난 유일한 하나님의 구속의 계획과, 교회에서 난무하는 구원에 대한 인간적인 가르침을 대조하여 식별할 수 있는 지혜를 가지고 있어야 한다. 다음 장에서 새 언약의 경험이 실제로 어떻게 이루어지는 것인가에 대하여 필자의 한 경험을 예로 들어 설명하여 보도록 하자.

6. 속죄제와 새 언약의 경험

옛 언약과 새 언약의 차이는 사람 마음의 태도에 달린 것이지 그 조건이나 내용에 있어서는 같다. 언약이란 하나님께서 당신의 백성이 하나님의 율례와 계명을 지키고 순종하면 그들을 당신의 나라와 백성으로 삼으시고 하나님께서는 그들의 하나님이 되신다는 약속이다. 이 약속은 하나님께서 이스라엘과 세우신 것이었다. 그러나 이스라엘은 그 언약을 이루지 못하였다. 그런데 참 이스라엘이란 원래 하나님께서 이스라엘과 세우신 이 언약을 그들의 생애에 이루는 자들을 말하는 것이며, 그런 사람들을 성경은 영적 이스라엘이라고 부르고 있다. 사도 바울은 그들을, 다시 말해서 그 언약을 이루는 교회를 "하나님의 이스라엘"이라고 불렀다.

"그러나 내게는 우리 주 예수 그리스도의 십자가 외에 결코 자랑할 것이 없으니 그리스도로 말미암아 세상이 나를 대하여 십자가에 못 박히고 내가 또한 세상을 대하여 그러하니라 할례나 무할례가 아무것도 아니로되 오직 새로 지음을 받은 자뿐이니라 무릇 이 규례를 행하는 자

에게와 하나님의 이스라엘에게 평강과 긍휼이 있을지어다"(갈 6:14-16).

여기에서 바울이 강조하는 점은 참으로 거듭난 자가 하나님의 이스라엘이라는 것이다. 왜냐하면, 우리가 진정으로 개심하게 될 때에 하나님의 계명을 지킬 수 있는 심령이 준비되기 때문이다. **"육신의 생각은 하나님과 원수가 되나니 이는 하나님의 법에 굴복치 아니할 뿐 아니라 굴복할 수도 없"**고 **"육신을 좇지 않고 그 영을 좇아 행하는 우리에게 율법의 요구를 이루어지게"** 하시는 것이 하나님의 역사이기 때문에 그러한 것이다(롬 8:4,7 참조). 사람이 거듭날 때 마음은 하나님과 조화를 이루며 동시에 하나님의 율법과도 일치된다. 이 강력한 변화가 죄인에게 생기면 그는 사망에서 생명으로, 죄악에서 거룩함으로, 범죄와 반역에서 순종과 충성으로 옮겨지게 된다.

육신의 본성, 곧 혈육으로 나고 육신에 속한 의지는 하나님 나라를 유업으로 받을 수 없다. 낡은 방법들, 유전적인 기질들, 이전의 습관들은 버려야 한다. 거듭나는 것은 새로운 동기와 새로운 취미와 새로운 성향을 갖는 것이다. 성령으로 말미암아 생애가 거듭난 사람들은 하나님의 성품에 참여하는 자들이 된다. 진정한 개심은 악으로 기울어지게 하는 유전적이거나 습관화된 성향들을 변화시킨다. 이러한 진정한 개심의 경험은 바로 십자가를 바라보는 속죄제의 경험에서 생기는 것이다.

하나님의 구속의 사랑이 성령을 통해 우리 마음속에 부어질 때에(롬 5:5), 지키려고 해도 지킬 수 없는 타락하였던 인간이, 하나님의 계명을 사랑하며 순종하기를 즐기는 새 마음을 가지고 다시 태어나게 되는 것이다. 이것이 재창조의 신비이다. 이것은 이론이 아니라 경험이다. 죄인들을 이러한 영적인 재창조의 경험을 갖게 하려고 하나님께서 속죄 제사를 고안하신 것이다. 이러한 마음의 변화가 없이는 하나님께서 우리를 구원하실 수가 없다. 또한, 우리는 이러한 마음을 매일 주님의 은혜로 유지해 나가야 하는데, 그것을 가리켜 우리는 성화라고 부른다. 필자는 이 진리를 뼛속 깊이 새기게 하는 어릴 적의 한 가지 경험을 기억하고 있다. 다음의 나의 간증이 독자들로 하여금 새 언약의 경험이 무엇인지를 이해하는 데 도움이 되기를 바란다.

초등학교 5학년 때라고 생각이 된다. 내가 동네 친구들과 제일 즐기던 전쟁놀이를 하고 있었던 어느 날이었다. 우리는 대나무를 쪼개어 칼을 만들고 손잡이를 종이로 그럴싸하게 만들어 붙이고 또 나무들을 휘어서 활들을 만들었다. 모래들을 퍼 와서 성을 높다랗게 쌓고는 돌들을 주워 모아 총알들과 대포알들로 변신시켜 두었다. 우리는 돌격 소리와 함께 일제히 성에서 뛰어나가 칼싸움도 하고, 달려오는 적군들을 향하여 활들을 쏘아 댔다. 그리고는 돌들을 서로 던지면서 진짜 총알과 대포알이 날아가는 양 신나하였다. 워낙 정신없이 전쟁놀이를 하다 보면 서로 다치기가 일쑤였기 때문에 전쟁놀이는 위험하니 제발 하지 말라는 부모님들의 당부의 말씀을 듣는 것이 매일의 일과였다. 필자의 부모님도 예외 없이 전쟁놀이에는 절대로 참가하지 말라는 말씀을 여러 번 하신 터였다. 특히 내 어머니는 돌 던지는 전쟁놀이 일랑은 절대로 하지 말라고 엄히 당부하셨다. 그러나 동네 친구들이 신나게 뒹굴면서 뛰어다니며 함성을 지르는 모습을 보고 있노라면, 더군다나 부모님 말씀이 무서워서 뒤로 빼는 아이들은 비겁하고 나약한 배신자들로 취급당하기 때문에 그 유혹이란 여간 견디기 어려운 것이 아니었다.

그날도 여전히 유혹에 져 버린 나는 동네 친구들과 어울려 정신없이 전쟁놀이에 열중하고 있었다. 너무나 재미있었다. 그러던 중 나는 우리 진지를 향하여 달려오는 한 적군을 향하여 돌로 된 총알을 멋지게 던졌다. 그런데 갑자기 여자의 비명 소리가 들리는 것이 아닌가! 내가 던진 돌이 그만 길을 지나가던 한 행상 여인의 이마를 정통으로 때린 것이었다. 소리를 치며 땅에 주저앉은 여인의 이마에서는 빨간 피가 흐르고 있었다.

갑자기 온 누리가 조용해진 것 같았다. 아이들의 들뜬 소리는 간데없어지고 공포와 걱정의 분위기가 갑자기 주위를 휘감았다. 모든 즐거움은 순식간에 사라졌다. 죄의 대가를 한눈에 보는 나는 그 몇 초 동안 얼마나 후회를 했는지 모른다. 넘어져 있는 아주머니를 향하여 뒷걸음치며 "아주머니 미안해요! 죄송해요!"라는 말을 여러 번 외치면서 엉겁결에 도망치기 시작했다. 너무 겁이 났기 때문에 어떻게 해야 할 줄 몰랐다. 나는 무조건 뛰었다. 뛰어가 숨는다는 것이 우리 집 앞마당에 있는 작은 나무들 뒤로 달려가 몸을 숨겼던 것이다. 내가 가 봐야 어디를 갈 수 있었겠는가?

한참이나 숨어 있으니까, 갑자기 대문 두드리는 소리가 요란하게 나더니 어머니가 급하게 나가서 문을 여는 모습이 나뭇잎들 사이로 보였다. 대문 밖에는 동네 친구들로 둘러싸인, 내가 던진 돌에 다친 그 아주머니가 서 있었다. 그때 어머니는 약품들을 꺼내 와 일단 치료를 하고 나서는 그 여인을 데리고 병원으로 가는 양 싶었다. 나는 나무 뒤에 그냥 숨어 있었다. 아버지한테 혼이 날 생각을 하니 어디론가 도망가고 싶었다. 한참 후 어머니가 돌아오셨다. 나중에 들은 이야기지만 그 아주머니는 이마를 다섯 바늘이나 꿰매야만 했으며, 어머니는 그분에게 돈도 얼마 주어 보냈다는 것이었다. 그런데 어머니는 병원에서 돌아오신 다음에 전혀 나를 찾지 않으시는 것이었다. 아무 일도 없었다는 듯이 여느 때처럼 가사 일을 돌보고 계시는 게 아닌가! 그때 나는 더욱더 불안해졌다.

해가 서산에 뉘엿뉘엿 지고 땅거미가 내려앉을 무렵 어머니는 내가 숨어 있는 작은 나무들 쪽으로 다가오시더니 이렇게 조용히 말씀하시는 게 아닌가! "병국아, 이제 그만 나와서 저녁 먹자!" 아니 지금까지 어머니는 내가 어디에 숨어 있었는지를 다 알고 계셨단 말인가! 나는 너무나 무안하고 창피해서 쥐구멍이라도 있으면 그 속으로 없어져 버리고 싶었다. 고개를 푹 숙이고 어머니를 따라서 방으로 들어간 나는 다시 한 번 놀랄 수밖에 없었다. 너무나 맛있게 보이는 진수성찬이 상 위에 차려 있지 않은가! 마침 초인종이 울리고 아버지께서 회사에서 돌아오셨다. 나는 속으로 "이제는 죽었구나!"라고 생각했다. 집에 들어오시면서 아버지가 물으신다. "오늘 별일 없었소?" "예, 별일 없었어요." 온 가족이 식탁에 둘러앉아 한참 저녁식사를 하는데 나는 갑자기 목이 메어서 밥을 먹을 수가 없었다. 무엇인가가 복받쳐 올라오는 듯한 것이 있었다. 나는 수저를 내려놓고 흐느끼기 시작하였다. 영문을 모르시는 아버지가 훌쩍거리는 나를 바라보며 그 연유를 물으셨지만, 누구도 아무런 말을 하지 않았다. 내가 운 것은 아버지로부터 맞을 매가 무서워서가 아니었다. 창피해서 운 것도 아니었다. 그것은 어머니의 이해할 수 없는 사랑에 감동된 까닭이었다.

갑자기 전쟁놀이를 하고 싶은 욕망이 안개처럼 사라져버렸다. 그렇게 이기기 어렵던 유혹이 이제는 아무런 문제가 되지 않았다. 다시는 어머니의 마음을 아프게 해 드려서는 안 된다는 생각만이 내 가슴을 채워 왔다. 어머니의 용서와 사랑은 나의 마음속에 전쟁놀이의 욕망을 눈 녹

듯이 녹여 버렸다. 그 이후로 나는 한 번도 전쟁놀이에 참가해 본 적이 없다. 어머니의 사랑이 내 두뇌와 생각 속에 율법을 기록해 준 것이다. "다시는 전쟁놀이를 하지 말도록 해라!" 그전까지는 그렇게도 지킬 수 없었던 그 법이 이제는 순종하기에 아주 쉽게 되어 버렸다. 이제는 갑자기 어머니의 말씀을 기꺼이 순종하고 싶어진 것이다. 순종할래야 할 수도 없었고 순종하고 싶지도 않았던 그 법들의 요구 사항을 드디어 이루게 된 것이다.

히브리서 10장 16절은 새 언약의 경험을 다음과 같이 기록하고 있다.

"주께서 가라사대 그날 후로는 저희와 세울 언약이 이것이라 하시고 내 법을 저희 마음에 두고 저희 생각에 기록하리라 하신 후에 또 저희 죄와 저희 불법을 내가 다시는 기억지 아니하리라 하셨으니."

우리가 하나님의 아들 예수 그리스도의 십자가를 바라보면서 거기서 나의 구원을 위해 무엇이 이루어지고 있는지를 이해하게 될 때, 우리는 새 언약 관계에 들어가게 되는 것이다. 드디어 성령께서 우리의 마음과 생각에 당신의 율법을 기록하시게 되고 우리는 하나님의 율법의 요구대로 순종하는 생애를 살 수 있게 되는 것이다. 심판이 두려워서도 아니고 하늘이 그리워서만도 아니요, 예수 그리스도의 사랑에 감동되어 다시는 그분의 마음을 아프게 해 드리고 싶지 않기 때문이며, 또한 하나님께로부터 새 마음을 받았기 때문이다. 그러므로 우리는 속죄 제사를 통해 갈보리의 십자가를 볼 수 있게 되고 거기에 엎드려 우리는 새 언약의 경험 속으로 들어가는 것이다. 이 경험을 주시려고 하나님께서는 속죄제를 고안하신 것이다.

그러나 우리가 한 가지 기억해야 할 것은, 우리가 하나님의 사랑을 계속해서 경험하며 매일 상기하지 아니하면 다시 똑같은 죄에 넘어질 수 있다는 것이다. 그 유혹의 힘이 다시 그 기세를 회복하기 때문이다.

하나님의 사랑은 힘이다. 그 힘은 매일 받아야 한다. 하나님의 능력은 한 번 임하고 마는 것이 아니라 매일 임하는 것이다. 그러므로 구원은 매일 하나님과 걷는 매일의 경험이지 한 번 주어지면 영원히 자기 것이 되는 식의 희사물이 아니다. 구원은 하나님의 선물이지만 매일 승리를 주시는 매일의 경험인 것이다.

사랑은 힘이다. 지적 도덕적 힘이 이 원칙에 포함되며 그것으로부터 분리될 수 없다. 사랑은 하나님께 속한 것이다. 거듭나지 않은 마음은 하나님께서 기르시는 사랑의 나무를 생기게 하거나 자라나게 할 수가 없다. 이 나무는 그리스도께서 통치하실 때만 살며 번영한다. 사랑은 행동 없이는 살지 못하며, 모든 행동은 사랑을 증가시키며 강화하고 확장한다. 사랑은 부드러워 보이지만 큰 악을 정복하는 일에 있어서 강하고 힘차다. 사랑의 영향력은 녹이고 변화시킨다. 구세주께 대한 완전한 사랑의 불길은 우리의 영혼과 하나님 사이를 가로막는 독소를 제거한다. 그리고 하나님의 뜻이 우리의 뜻이 되게 하며, 또 우리를 순결하고, 고상하고, 세련되고, 거룩한 사람이 되게 한다.

우리가 믿을 때에 성령의 선물을 받게 된다고 성경은 말씀하고 있다. 예수님의 말씀을 설명하는 과정에서 사도 요한은 다음과 같이 기록하였다.

"명절 끝날 곧 큰 날에 예수께서 서서 외쳐 가라사대 누구든지 목마르거든 내게로 와서 마시라 나를 믿는 자는 성경에 이름과 같이 그 배에서 생수의 강이 흘러나리라 하시니 이는 그를 믿는 자의 받을 성령을 가리

켜 말씀하신 것이라(예수께서 아직 영광을 받지 못하신고로 성령이 아직 저희에게 계시지 아니하시더라)"(요 7:37-39).

사도 바울은 다음과 같이 설명하였다. "그러므로 우리가 믿음으로 의롭다 하심을 얻었은즉 우리 주 예수 그리스도로 말미암아 하나님으로 더불어 화평을 누리자 … 소망이 부끄럽게 아니함은 우리에게 주신 성령으로 말미암아 하나님의 사랑이 우리 마음에 부은 바 됨이니"(롬 5:1,5).

다시 말해서, 성령께서는 매일 믿는 자들의 마음속에 하나님의 사랑을 부어주심으로 주님의 말씀과 계명을 좇아 살고 싶은 간절한, 자원하는 소원을 갖게 해 주신다는 것이다. 우리 육신이 연약하여 할 수 없는 그것을 하나님께서 당신의 복음의 능력을 통해 우리 속에서 율법의 요구를 이루어 주시는 것이다.

⑷ 속건제

속건제는 속죄제와 거의 같은 제사지만 한 가지 다른 점은, 속건제는 성물이나 남의 물건을 침해하거나 손해를 입혔을 때 드리는 제사로써 용서를 위해 희생 제사를 드림은 물론 그 침해한 물건을 도로 갚아 주어야 하며 거기에다 오분의 일의 값을 더 얹어서 주게 되어 있었다. 성소의 거룩한 성물을 범하였거나 남의 물건을 맡거나, 전당 잡거나, 강도질 하거나, 늑봉하고도 사실을 부인하거나, 남의 잃은 물건을 얻고도 사실을 부인하여 거짓 맹세하는 등의 사람이 이 모든 일 중의 하나라도 범하여 범죄하면 그 물건을 변상하고 오분의 일을 더하여 주었어야 하며, 또 희생 제물을 가져와 제사를 드리게 되어 있는 것이 속건제이다(레 5:14–19; 6:1–7 참조). 이 속건제에서 우리는 알고 범죄한 죄를 위한 용서의 규정에 대하여 희미한 힌트를 얻을 수 있게 된다. 원래 성소의 제사는, 모르고 죄를 지은 자가 그 죄에 대하여 깨닫게 될 때에 드릴 수 있도록 제정되어 있었다.

알고 범죄했을 경우에 대한 용서 절차는 다음과 같다. 먼저 죄인은 자기의 죄를 고백해야 하며(민 5:6,7), 그 다음에 그 당사자에게 찾아가 잘못을 고하고 보상해야 하며(민 5:7) 그리고 하나님께 속건제를 바쳐야 한다(레 6:6). 그 후에 그는 용서를 누리게 되어 있다(레 6:6,7). 이러한 의미에서 예수께서는 너희가 하나님께 예물을 드리려고 할 때 잘못한 일이 생각나거든 예물을 놓고 가서 그 형제와 먼저 화친한 후에 다시 와서 예물을 드리라고 말씀하신 것이다.

⑸ 물두멍

물두멍은 "세숫통" 혹은 "바다"(Sea)라고도 표현하는데, 그것은 제사장들이 성전 봉사를 시작할 때와 끝마칠 때, 그리고 희생 제물을 드린 후에, 특히 성소 안으로 들어가기 전에 그들의 손과 발을 씻게 되어 있던 커다란 물 담는 기구를 가리키는 말이다. 이 물두멍은 놋으로 만들어져 있었는데, 그 놋은 특별히 정결한 여인들의 거울들로 만들어졌다(출 30:18, 38:8). 그것은 예수 그리스도의 몸이 정결한 여인의 태에서 출생함을 상징하는 것이기도 하며, 아울러 우리의 성품과 마음을 비추어 주는 자유의 율법을 물두멍이 상징하고 있다(약 1:23-25, 고후 3:17,18).

물두멍에서 씻는 경험은, 거울을 보고 죄를 느낀 자가 그 안에 담긴 물, 즉 물이 상징하는 성령과 말씀의 역사로 자신을 깨끗하게 씻게 되는 경험을 영적으로 상징하는 것으로서, 피 흘림은 한 번 있는 것이지만 우리는 물과 성령으로, 즉 진리의 말씀과 성령의 역사로 매일 씻고 거듭나는 경험을 해야 한다는 것을 상징한다. 예수님의 십자가 이후에 죄를 씻는 경험이 생기자 하늘에서 성령의 은사가 기다리는 제자들 위에 풍성하게 내리지 않았는가! 그러므로 번제단을 거쳐 성소로 들어가기 전에 우리는 물두멍에서 알고 있는 모든 죄로부터 마음을 온전하게 씻는 은혜를 체험해야 한다. 오순절이 있기 전에 십자가가 있었고 또한 죄를 씻는 완전한 회개의 경험이 있었다. 예수님께서 하늘 성소에 들어가셔서 성소 봉사 사역을 시작하시기 전에 십자가와 오순절의 성령의 은혜가 선제했던 것처럼, 예수님을 따라 성화의 경험을 하기 위하여 믿음으로 하늘 성소로 따라 들어가는 우리에게도 십자가 밑에서 우리 자신이 죽고 죄를 회개하며, 더 나아가서 성령의 은혜로 죄를 완전히 끊어 버리며 말씀으로 씻는 경험이 선제해야 하는 것이다.

성소 뜰에서 우리는 죄를 없애는 세 가지의 방법을 보게 되는데, 그것은 곧 피와 불과 물이다. 피는 우리의 몸에 영양분과 산소를 공급하여 준다. 그러나 피가 우리의 모든 세포마다 양분과 산소를 공급하여 주는 동시에 돌아올 때에는 거기에 있는 모든 찌끼와 불순물을 빼내는 역할을 한다. 그러한 의미에서 바울은 "하물며 영원하신 성령으로 말미암아 흠 없는 자기를 하나님께 드린 그리스도의 피가 어찌 너희 양심으로 죽은 행실에서 깨끗하게 하고 살아 계신 하나님을 섬기게 못 하겠느

뇨?" (히브리서 9:14)라고 말씀하신 것이다. 또한, 불은 죄를 태우는 역할을 한다. 우리의 죄의 소욕을 태우는 정결의 역할을 의미하는데, 그것은 강력한 성령의 역사이다. 물이 우리 몸의 겉을 씻는 것처럼, 우리의 행실들을 성령의 말씀을 통하여서 고치고 씻는 것을 의미하는 것이라 할 수 있다.

디도서 3장 5~7절에서 사도 바울은 성소 뜰의 경험에서의 물두멍의 부분을 다음과 같이 설명하여 주셨다. "우리를 구원하시되 우리의 행한 바 의로운 행위로 말미암지 아니하고 오직 그의 긍휼하심을 좇아 중생의 씻음과 성령의 새롭게 하심으로 하셨나니 성령을 우리 구주 예수 그리스도로 말미암아 풍성히 부어주사 우리로 저의 은혜를 힘입어 의롭다 하심(칭의)을 얻어 영생의 소망을 따라 후사가 되게 하려 하심이라."

한 가지 언급하고 지나가야 할 것은 번제단의 네 옆면에 있었던, 나중에 갖다 붙이게 된 고기비늘 같은 모양의 놋 판들에 관한 일이다. 민수기 16장을 보면 모세의 사촌 형제였던 고라와 다단과 아비람, 그 외에 합세한 250명의 족장들이 반역한 사건을 접하게 된다. 하나님께서 그들을 땅이 꺼지게 하여 심판하신 후에 그들이 가지고 봉사하는 일에 사용했었던 놋 향로들을 가지고 오게 하여 쳐서 판을 만들어 제단을 싸는 편철을 만들게 하셨다. 이것은 이러한 반역의 정신을 물두멍에 와서 성령의 녹이시는 은혜와 하나님의 말씀의 능력으로, 진리의 가르침으로 깨끗하게 씻어야 하는 것을 상징한 것이었다. 그때에 우리는 주님과 동행하며 성화의 길을 걷는 준비를 하게 되는 것이다. 제사 제도법 가운데 나타난 씻음과 뿌리는 일에는 죄와 불법으로 죽은 영혼이 그 영혼의 순결을 위해 속마음을 씻어 새롭게 하는 일의 필요성과 성령의 거룩하게 하시는 능력의 필요성을 가르쳐 주는 교훈이 담겨 있다.

용서한다는 것은 많은 사람이 생각하는 것보다 더욱 넓은 의미를 가지고 있다. 하나님의 용서는 단순히 우리를 정죄에서 면하게 해 주는 사법적 행위가 아니다. 그것은 죄를 용서해 줄 뿐만 아니라 죄로부터 완전히 돌아서게 한다. 마음을 변화시키는 것은 구원하는 하나님의 사랑의 능력이다. 다윗은 "하나님이여 내 속에 정한 마음을 창조하시고 내 안에 정직한 영을 새롭게 하소서"라고 기도했을 때 용서의 참뜻을 깨달았다. 하나님의 능력은 우리 인간들의 양심을 사랑으로 일깨우시고, 또 마음을 새롭게 하시고, 감정을 거룩하게 하시며, 우리의 생각을 순결하게 하신다. 그리하여 모든 동기와 모든 생각이 예수 그리스도에게 사로잡힌 바 될 것이다. "맑은 물로 너희에게 뿌려서 너희로 정결케 하되 곧 너희 모든 더러운 것에서와 모든 우상을 섬김에 있어서 너희를 정결케 할 것이며 또 새 영을 너희 속에 두고 새 마음을 너희에게 주되 너희 육신에서 굳은 마음을 제하고 부드러운 마음을 줄 것이며 또 내 신을 너희 속에 두어 너희로 내 율례를 행하게 하리니 너희가 내 규례를 지켜 행할지라" (겔 36:25-27). 그러므로 칭의란 죽은 행실로부터 깨끗해진 양심이 성화의 축복을 받을 수 있는 위치에 있게 되는 것을 의미한다.

5장

성소 첫째 칸 – 성화의 경험

성소 뜰에서 세상 죄를 지고 가는 어린 양을 바라보며 거듭나고 죄를 깨끗하게 씻은 바 된 죄인은 이제 성소 안, 즉 성소의 첫째 칸 안으로 들어가서 거듭나고 깨끗하게 된 양심을 계속하여 성결하게 유지하는 방법을 배우게 된다. 구원이란 한 번 받았다고 영원히 자기의 소유가 되는 것이 아니다. 구원은 하나님의 은혜와 선물로 우리에게 주어지는 것이지만, 아울러 구원이 우리에게 주어질 때에 우리 마음속에 일어난 특별한 변화를 하나님의 능력과 은혜로 매일 지켜나가야만 한다. 그러므로 우리는 매일 주 안에서 거듭날 필요가 있으며, 매일 구원의 경험을 유지할 필요가 있다. 그것을 우리는 요한복음 15장의 포도나무 비유에서 발견하게 된다. **"나는 포도나무요 너희는 가지니 저가 내 안에 내가 저 안에 있으면 이 사람은 과실을 많이 맺나니 나를 떠나서는 너희가 아무것도 할 수 없음이라"**(요 15:5).

그러므로 "한 번 구원받으면 영원히 구원받은 것이다."가 아니라, 우리가 그 받은바 구원을 하나님의 은혜와 힘을 힘입어 지켜야 하는 것이다. 그 일을 위해서 우리는 우리의 의지를 주께 항상 바쳐야 하며, 우리의 계속적인 노력이 필요하다. 우리의 행함과 노력 자체가 우리를 구원하는 것은 아니지만 자기를 쳐서 복종하고 의지를 굴복시키는 노력이 없이 아무도 구원을 지킬 수 없는 것이다. 그러므로 구원이 성소 뜰에서 끝나는 것이 아니라 성소를 통과하여 지성소 안에 들어가서 종결지어지는 사실을 우리는 성소 제도를 통해서 배우게 된다.

그러므로 십자가에서 구원이 완성된 것이 아니라 구속의 은혜가 마련된 것이요, 구원이 준비된 것이다. 성경은 **"누구든지 저를 믿는 자마다 멸망치 않고 영생을 얻으리라"**고 말씀하고 있다. 구원은 값없이 주시는 하나님의 선물이지만, 인간 편에서 믿는 일이 수반되어야 한다. 하나님을 믿는 것은 하나님을 사랑하는 것이요, 하나님을 사랑하는 자는 그의 계명을 지킨다고 하였다(요 14:15,21). 사도 바울은 구원의 경험을 이렇게 설명하고 있다. **"그러므로 나의 사랑하는 자들아 너희가 나 있을 때뿐 아니라 더욱 지금 나 없을 때에도 항상 복종하여 두렵고 떨림으로 너희 구원을 이루라 너희 안에서 행하시는 이는 하나님이시니 자기의 기쁘신 뜻을 위해 너희로 소원을 두고 행하게 하시나니"**(빌 2:12,13).

혹자는 성소 문제를, 하나님께서 구원을 성사하는 과정을 설명한 것에 불과하다고 말한다. 그러나 하나님께서 죄를 도말하시거나 구원을 인 치실 때에 이 땅 위에 살고 있는 당사자의 협력과 헌신 없이는 아무 일도 하실 수가 없다는 사실을 이해하여야 할 것이다.

우리는 결코 자신의 내부적인 시험과 이 세상에서의 유혹에 안전하다고 생각할 수 없다. 구주를 받아들인 사람들이 아무리 철저히 개심했을지라도 이미 구원받아 버렸기 때문에 범죄할지라도 영원히 안전하다고 가르쳐서는 결코 안 된다. 모든 사람이 소망과 믿음을 가지도록 가르침을 받아야 하지만, 우리가 자신을 그리스도께 바치고 그리스도께서 우리를 받으셨다는 것을 알 때에라도 우리는 유혹에서 벗어난 것이 아니다. 시험을 견디는 사람만이 생명의 면류관을 받을 것이다. 우리는 구원을 받았다고 말하면서 스스로 만족한 상태에서 향상하기를 그쳐서는 안 된다. 이런 생각을 품을 때 경계와 기도 그리고 더욱 높은 표준으로 전진하려는 열렬한 노력을 위한 동기가 사라진다. 그리스도께서 재림하시고 우리가 문들을 통해 하나님의 도성에 들어가기까지는 자기의 영생을 장담할 만큼 거룩한 사람은 없을 것이다. 우리는 하늘에 가서 제일 먼저 영원한 구원을 주신 하나님과 어린 양께 영광을 돌리게 될 것이다. 우리의 힘과 노력이 아니라 모두 하나님의 은혜였다는 사실을 고백하게 될 것이다.

그래서 성화란 칭의를 유지하는 것이라고 설명할 수 있다. 하나님께서는 인간이 의롭다 하심을 얻기 이전에 그 심령의 완전한 복종을 요구하신다. 인간이 의롭다 하심을 보유하려면 계속적인 순종을 해야 하며, 사랑으로 역사하는 활동적이며 살아 있는 믿음을 통해 그 영혼을 순결케 해야 한다. 인간이 믿음으로 말미암아 의롭다 하심을 얻기 위해서는 그의 믿음이 마음의 모든 애정과 충동들을 지배할 수 있는 위치에 도달해야 한다. 또한, 믿음 자체가 완전함에 이르게 되는 것은 오직 순종에 의해서이다. 우리가 아무리 믿음으로 주님을 받아들이고 구원에 이르렀다고 믿는다 할지라도 죄를 승리하는 경험을 내적으로 하지 않으면 진정한 구원의 즐거움과 평화를 가질 수가 없는 것은 물론이요, 불안과 죄책감이 영혼 속에 숨어 살고 있게 되는 것이다. 어떻게 그것을 구원받은 상태라고 할 수 있겠는가?

위의 내용을 종합하여 보면, 결론적으로 성화가 없는 구원은 있을 수가 없는 것이다. 칭의에서 구원이 이미 이루어졌기 때문에, 성화란 좋은 열매이지만 구원에 필수적인 요건은 아니라고 하는 가르침은 비성서적일 뿐만 아니라, 거짓 안전감을 느끼게 하는 사탄의 기만이다. 예수께서는 사도 바울에게 다음과 같이 성화를 구원의 일부분으로 말씀하셨다. **"그 눈을 뜨게 하여 어두움에서 빛으로 사탄의 권세에서 하나님께로 돌아가게 하고 죄 사함과 나를 믿어 거룩하게 된(성화 된) 무리 가운데서 기업을 얻게 하리라"**(행 26:18). **"하나님이 처음부터 너희를 택하사 성령의 거룩하게 하심과(성화) 진리를 믿음으로 구원을 얻게 하심이니"**(살후 2:13).

다시 언급하지만, 성소 제도는 하나님께서 우리를 어떻게 구원하시는지를 보여 주는 유일한 청사진이다. 죄인이 성소 뜰에서 칭의의 경험을 하고, 성소 첫째 칸에 들어가 하나님께서 마련하신 은혜와 방법을 통해 어떻게 칭의의 경험(의롭게 된 경험)을 유지할 수 있는지를 우리에게 계시하여 주는 것이다. 성소 뜰은 칭의를 가르쳐 주고 성소의 첫째 칸은 우리에게 성화의 과정과 성화를 위한 힘의 근원을 가르쳐 주고 있다.

(1) 성소 안의 기구들

자! 이제는 믿음으로 주님을 따라 성소 안으로 들어가 보도록 하자! 성소 안으로 들어가면 우리 눈에 들어오는 기구란 세 가지밖에 없는 것을 발견하게 된다. 금촛대, 떡상 그리고 분향단이 바로 그것이다. 이 세

가지는 하나님께서 우리를 거룩하게 하시고 구원을 유지시키시는 하나님의 방법의 계시이다. 이 방법밖에는 우리의 구원을 유지시키는 다른 방법이 없다.

성소 뜰에 있는 기구들은 무슨 금속으로 만들어졌는가? 번제단과 물두멍은 놋으로 만들어졌다. 그러면 성소 안의 기구들은 무엇으로 만들어졌는가? 촛대, 떡상, 분향단, 법궤 모두가 다 순금으로 만들어져 있다. 왜 그러할까? 순금으로 만들 때에도 망치로 쳐서 만들게 되어 있었다. 하나님의 말씀은 망치이다. **"나 여호와가 말하노라 내 말이 불같지 아니하냐 반석을 쳐서 부스러뜨리는 방망이 같지 아니하냐"**(렘 23:29). 금은 믿음을 상징함으로 하나님의 말씀과 또한 그 진리 때문에 오는 시련들을 통해 잘 다져진 믿음을 가리키며, 불순물이 없는, 순전한 사랑으로 역사 하는 믿음을 가지고 사는 생애를 상징하기 위해 순금으로 만들도록 지시하신 것이다(벧전 1:7; 갈 5:6 참조).

놋은 동과 주석의 합금이다. 그런데 성경에서 주석은 죄를 상징한다. **"내가 또 나의 손을 네게 돌려 너의 찌끼를 온전히 청결하여 버리며 너의 혼잡물을 다 제하여 버리고"**(사 1:25). 여기에서 "혼잡물"은 영어로 "Tin"이며 한국말로 직역하면 "주석"이다. 그러므로 하나님께서는 성소 뜰에 있는 번제단과 물두멍을 놋으로 만들게 하심으로 죄인들이 가지고 온 죄, 즉 혼잡물을 성소 뜰로 가지고 들어와 용서받고 씻어야 한다는 것을 가르치시기 위해 하나님께서는 성소 뜰의 기구들을 혼합 금속인 놋으로 만들도록 하신 것이다. 그러나 불순물이 없이 깨끗해진 사랑의 동기를 가지고 하나님을 섬기는 성화의 과정을 상징하기 위해서는 순금으로 성소 안의 기구들을 만들도록 섭리하신 것이다.

1. 금촛대

성소 안의 기구들을 살펴보면 우리를 구원하시는 하나님의 단순한 방법을 보게 된다. 금촛대는 하늘을 향하여 여행하는 신자들의 앞길을 비추는 빛을 발하여 주는 것이요, 떡상 위의 떡은 여행자들에게 여행할 힘을 주는 것이요, 분향단은 중보의 기도를 상징하는 것으로서, 그들이 여행길을 끝마칠 때까지 그들에게 의의 옷을 입혀 주고 또한 필요한 은혜를 공급하며 낙심치 않게 위로하고 힘을 공급하기 위해 고안된 것이다.

먼저, 금촛대를 살펴보도록 하자. 금촛대는 일곱 가지(Branch)들을 가진 모양으로 만들어져 있는데, 이것은 완전한 빛과 진리이신 예수 그리스도를 상징한다. 그래서 스가랴 6장 12절은 그리스도를 "순"(branch), 즉 "가지"라고 말씀하고 있다. 촛대는 빛을 주기 위해 마련되어 있다. 예수께서는 이 세상에 유일한 빛이시다. 그 빛을 주시려고 주님께서는 이 땅에 오셨다. 금촛대의 빛을 내려면 감람유(올리브기름)를 사용하게 되어 있었는데, 감람유는 성령을 상징한다. "겟세마네"는 "기름 짜는 곳"이란 뜻이다. 예수께서는 우리에게 당신의 성령을 주시기 위해 우리 죄를 대신 지시는 고난의 길을 가신 것을 의미한다.

하나님께서 당신의 백성에게 자신을 나타내실 때에 빛은 항상 그의 임재하심의 상징이 되었다. 빛은 하나님의 임재를 상징하는데, 하나님께서는 당신의 말씀으로 우리 안에 거하신다. 그러므로 빛은 하나님의 말씀, 곧 진리인 것을 우리는 이해한다. 한 가지 우리가 알고 지나가야 할 것은, 성소 안에는 창문이나 지붕에 구멍이 없다는 점이다. 다시 말하면 외부로부터 빛이 들어올 구멍이 전혀 없다는 말이다. 우리 영혼에는 참빛 되신 하나님의 진리 이외에는 외부의 빛이 들어오지 말아야 한다. 다른 인간적인 철학이나 이론들은 우리를 구원하지 못한다. 금촛대의 빛만이 성소 안을 밝혀 주고 있었던 것처럼, 깜깜한 방 안에서 하나의 성냥을 그어 빛을 내면 갑자기 어두움은 쫓겨가 버리게 된다. 아무리 작은 빛이라도 그 빛을 어두움이 이기지 못하는 것이다. 태양이 떠오를 때 온 누리에 덮혔던 어두움이 쫓겨 가고, 그 빛이 비칠 때 나무나 담장 뒤에 숨어 있던 모든 어두움의 그림자들이 달아나 버리는 것이다.

"나는 세상의 빛이라"고 주께서 말씀하셨다(요 8:12). 빛이 우리 마음에 들어오면 모든 오류와 잘못된 것들이 쫓겨나가 버리게 되어 있는 것이다. 우리의 영혼은 진리의 말씀으로 정결함을 받아야 한다(베드로전서 1:22). 우리는 빛을 따라가는 빛의 아들들이다. 예수님 안에 거한다는 것은 그의 말씀과 계명을 순종하는 것, 다시 말해서 빛을 좇아 순종하며 나아가는 것을 말하는 것이다. 우리가 어떻게 하나님의 아들 안에 거할 수가 있는가? **"내가 아버지의 계명을 지켜 그의 사랑 안에 거하는 것같이 너희도 내 계명을 지키면 내 사랑 안에 거하리라"**(요 15:10). 진리를 순종함으로 우리는 예수님 안에 거할 수가 있다. 하나님께서는 그 영혼이 제단 위에 놓여서 산 채로 태우는 희생 제물로 드려지기 전까지는 아무리 아름다운 봉사라 할지라도 받지 않으신다. 하나님의 자녀는 거룩해져야만 하는데, 그렇지 않을 때에는 확실하고 건강한 열매를 맺을 수가 없는 것이요, 그러한 좋은 열매만이 하나님께 받으시는 바 되는 것이다. 마음은 거듭나야 하며 헌신적이어야만 하고, 동기들은 순수해져야 한다.

스가랴 4장에 나오는 두 감람나무가 그 촛대 양옆에 서서 금촛대와 연결되어 계속해서 기름을 공급하고 있는 것처럼, 우리 영혼 안의 촛대가

금가지를 타고 금잔으로 흘러드는, 하늘의 두 증인들인 성경 말씀(신 · 구약 성경)으로부터 흘러오는 기름으로 매일 공급을 받아야 한다.

독자들이시여, 여러분은 이렇게 계속적인 말씀의 공급을 받고 있는가? 성령의 임재 하심을 충만하게 경험하며 살고 있는가? 마태복음 25장에 나오는 열 처녀의 비유 가운데서 미련한 처녀들은 기름이 없으므로 버림받게 되어 버린다. 그들은 늘 하나님의 진리인 말씀 속에서 사는 경험이 없었다. 슬기로운 처녀들은 "그릇에 기름을 담아 등과 함께 가져 갔"기 때문에 신랑의 길을 비출 수 있는 빛을 계속 가지고 있었다(마 25:4). 다시 말하자면 주의 말씀을 통해 성령의 역사를 계속 체험하고 있었던 것이다. 그러나 미련한 처녀들은 슬기로운 처녀들처럼 등잔 이외에 자기가 준비한 다른 그릇의 기름을 가지고 가지 않았다.

밤이 올 때에, 위기의 시간에 우리는 개인적인 성령의 경험을 가지고 있어야 한다. 열 처녀가 들고 서 있던 등잔은 결혼예식 주최측에서 마련해 준 것이었다. 오늘날 많은 교인이 교회와 목사들이 준비하여 준 성경의 가르침과 교리만을 가지고 개인적인 체험이 없이 살고 있는 것처럼 말이다.

슬기로운 처녀들은 등잔(하나님의 말씀) 말고 또 다른 그릇에 기름을 준비하여 함께 가지고 갔다고 말한다. 성경 말씀에 심취하여 매일 말씀을 먹고 말씀으로 사는 것이 성화의 유일한 방법이다. 이것이 구원을 유지시키는 하나밖에 없는 방법이다. 이외에 다른 방법을 하나님께서 우리에게 주신 적이 없다. 문제가 생길 때, 유혹이 엄습할 때, 시험이 닥쳐올 때, 말씀으로 들어가 영혼 성소의 문을 닫아야 한다. 하나님의 말씀으로만 살자. 하나님의 말씀은 우리를 거룩하게 만든다. "주의 말씀은

내 발의 등이요 내 길의 빛이니이다"(시 119:105). "**저희를 진리로 거룩하게 하옵소서 아버지의 말씀은 진리니이다**"(요 17:17).

2. 떡상

성소 안의 두 번째 기구는 떡상인데, 이것 역시 하나님의 말씀을 상징하는 기구이다. 하나님께서 우리를 성화의 경험으로 인도하시는 유일한 방법은 당신의 말씀으로 우리에게 힘과 성령의 은혜를 주시는 것이다. 성화에는 다른 길이 없다는 사실을 꼭 기억하자! "**영생은 곧 유일하신 참 하나님과 그의 보내신 자 예수 그리스도를 아는 것이니이다**"(요 17:3). 요한계시록 2장 37절에서 우리는 흥미 있는 말씀을 발견하게 된다. "**이기는 그에게는 내가 감추었던 만나를 주고**." 이기는 경험을 위해서는 감추어진 만나를 먹는 경험이 필요하다. 감추어진 만나, 어디에 있는 것을 말하는가? 우리는 이스라엘 백성이 광야에서 받아먹던 기적의 양식인 만나를, 항아리에 넣어 지성소의 법궤 안에 두었던 사실을 잘 기억하고 있다(출 16:32-35). 만나는 이 땅에 내려오신 예수 그리스도를 상징한다. 아울러 만나는 하나님의 살아 있는 말씀이다. 그것이 우리가 먹고 사는 생명의 떡인 것이다. "**내가 곧 생명의 떡이니 … 내가 너희에게 이른 말이 영이요 생명이라**"(요 6:35,63).

만나가 이 땅에 내려왔을 때에 이스라엘 백성은 "이것이 무엇이지?"라고 말했는데, 그것이 곧 "만나"라는 말의 뜻이었다. 만나가 이 땅 표면 위에 내려와 덮인 것처럼, 참 생명의 떡이신 예수께서 인간의 본성을 가지고 인간들 중의 하나가 되시어 말구유에 누워 계실 때에도 사람들은 주님을 보고 "이 사람이 누구야?"라고 말하였다. 그러므로 예수님은 참 만나이시다. 만나가 밤에 내렸던 것처럼 이 세상이 죄와 오류로 깜깜할 때에 주께서 오셨다.

만나는 시간이 지나면 스러져 없어져서 이른 아침에 나가서 구해야 했다. 우리도 마찬가지로 이른 아침에 만나를 구하여 그날을 위한 영적 양식을 먹어야 한다. 복잡한 하루를 시작하고 나서 잡다한 생각으로 마음을 채우고 나면 하늘의 만나가 사라진다. 만나는 내일 먹기 위해 쌓아 둘 수가 없었다. 만나는 그날을 위한 하루의 양식이다. 만나는 우리가 농사를 지어 얻는 것이 아니다. 그것은 하늘에서 우리를 위해 내리는 것이다. 그것은 하나님의 선물이며 우리가 만들어 낼 수 있는 것이 아니다. 만나를 구하기 위해서 우리는 수 마일을 여행해 갈 필요가 없다. 이스라엘 백성은 일어나서 눈을 비비며 나가보면 그들의 텐트 주위에 만나가 소복이 내려 있었다. 우리도 만나를 구하려고 차를 타고 멀리 갈 필요가 없다. 하나님께서 주시는 생명의 양식은 우리 주위에 항상 존재한다. 그 만나를 먹으면 우리는 소생할 수 있고 모든 죄를 이기고 승리할 수 있는 힘을 얻게 된다.

민수기 21장을 보면 이스라엘 백성이 만나에 대하여 불평을 시작한 장면을 읽게 된다. 민수기 11장 4절을 보면 섞인 무리가 그러한 불평을 조장한 사실을 알게 되는데, 이스라엘 백성들은 기적의 만나를 향하여 "이 박한 식물을 싫어한다."고 말하였다. 그들의 세속적인 입맛이 그들에게 만나에 대한 입맛을 잃어버리도록 하였다. 우리에게 있어서도 마찬가지이다. 세상적인 책들과 재미있는 글들이나 이론들이 우리를 위한 하늘의 생명의 떡에 대한 흥미를 잃어버리게 한다. 그때에 불뱀이 나와 이스라엘 백성을 물어서 많은 사람이 광야에서 쓰러졌다. 하나님께서 그들을 다시 살리시기 위해 모세에게 구리뱀을 만들어 장대에 달라고 하셨고 그 뱀을 믿음으로 쳐다본 자들은 다시 살게 되었다. 우리도 하나님의 단순한 말씀의 꿀맛 같은 경험을 잃어버리게 될 때에 죄의 불뱀에게 몰려 죽게 되는 것이다. 우리가 다시 살아날 길은 하나님께 구원을 위해 소리치며 믿음으로 십자가에 달리신 구세주를 다시 바라보는 것이다. 그때에 속죄제의 경험을 다시 하게 되고 영혼이 다시 정결함을 받게 된다. 하나님의 생명의 말씀을 먹는 일에 게을리하는 사람은 영생을 소유하지 못하게 될 것이다.

독자들이시여! 여러분은 매일 만나를 먹고 있는가? 떡상 위의 떡이 만들어지기 위해서는, 밀알이 떨어져 죽어 싹을 내고 드디어는 곡식을 내는 일이 있어야 한다. "나사렛"은 싹, 혹은 가지라는 뜻이다. 주님께서 이 세상을 위한 생명의 떡이 되시기 위해 나사렛에서 사셨다. 씨를 땅에 심은 후 농부는 눈물과 땀으로 가꾸어야 하듯이 예수님도 고난과 눈물로 얼룩진 생애를 사셨다. 곡식이 추수된 후 농부는 맷돌로 그 낟알들을 갈아서 떡을 만드는 것처럼 예수 그리스도의 영혼은 인류의 죄의 짐 때문에 짓눌리고 갈리시는 고통을 당하셔야만 하였다. 유대인들의 역사서에 의하면, 레위인들이 성소를 위한 진설병을 구울 때에 다 익었는지 알아보려고 창처럼 생긴 긴 포크로 그 떡의 옆구리를 찔러 보았다는 것이다. 또한, 다 익었을 때는 그 위에다 십자형의 표시를 해 놓았다고 전해진다. 얼마나 우리 주님의 경험을 자세하게 설명해 주는 예법인가!

그래서 우리는 주님의 살을 먹고 살게 되는 것인데, 그것은 하나님의 말씀을 먹는 것을 말하는 것이다. 이스라엘의 진영에서 안식일에는 음식을 요리하지 못하게 되어 있었는데, 성소의 떡은 안식일 아침에 굽도록 지시되었다(레 24:8). 그것은 하나님의 백성이 특별히 거룩한 날 아침에 풍성한 하늘의 양식을 먹도록 해야 할 것을 가르치시는 것이다. 제사장들이 몸소 체험한 생명의 양식을 매 안식일 아침마다 백성에게 나누어 주어야 한다. 식은 떡이나 지난 주일에 구운 떡들을 나누어 주는 일이 있어서는 안 된다. 거룩한 말씀을 연구하자. 매일 연구하자. 바로 그 말씀 자체가 우리의 가는 길에 빛이 되고 아울러 여행자에게 힘을 주는 생명의 양식이 되는 것이다.

3. 분향단

"너는 분향단을 만들지니 곧 조각목으로 만들되 장이 일 규빗 광이 일 규빗으로 네모 반듯하게 하고 고는 이 규빗으로 하며 그 뿔을 그것과 연하게 하고 단 사면과 전후 좌우 면과 뿔을 정금으로 싸고 주위에 금테를 두를지며 … 아론이 아침마다 그 위에 향기로운 향을 사르되 등불을 정리할 때에 사를지며 또 저녁때 등불을 켤 때에 사를지니 이 향은 너희가 대대로 여호와 앞에 끊지 못할지며 너희는 그 위에 다른 향을 사르지 말며 번제나 소제를 드리지 말며 전제의 술을 붓지 말며 아론이 일 년 일차씩 이 향단 뿔을 위해 속죄하되 속죄제의 피로 일차씩 대대로 속죄할지니라 이 단은 여호와께 지극히 거룩하니라"(출 30:1-3,7-10).

A. 분향단과 중보의 기도

분향단은 한마디로 말해서 예수 그리스도 대제사장께서 우리를 위해 하나님 아버지께 드리시는 중보의 기도를 상징하는 것이다. 인간을 상징하는 아카시아 나무에다가 정금을 씌워서 만든 분향단은 법궤나 떡상보다 더 높게 만들어졌다. 그것만 보아도 예수 그리스도의 중보 기도의 중요성에 대한 강조를 이해할 수가 있다. 주님의 중보 기도는 우리의 구원에 있어서 도움을 주는 한 부분이 아니라, 없어서는 안 되는 절대적인 부분이다. 우리가 긍휼하심을 받고 때를 따라 돕는 은혜를 받기 위해 은혜의 보좌 앞에 담대히 나아갈 수 있는 이유는 분향단의 향이 성소 안에 자욱하여 우리를 지성소에서 흘러나오는 하나님의 영광의 쉐키나 광채로부터 보호해 주기 때문이다.

하늘에는 예수님의 공로, 그분의 생애에 나타난 자아부정, 자기희생으로 만들어진 의의 향이 하나님의 백성의 기도와 함께 향연으로 올려지기 위해 간직되어 있다. 죄인들의 진지하고 겸손한 기도들이 하나님의 보좌로 올라갈 때에 그리스도께서는 그들의 기도에 당신의 완전한 순종의 공로를 섞으신다. 우리들의 기도들은 이 향으로 말미암아 향기로워지는 것이다. 그리스도께서는 우리를 위해 중보하시기로 서약하셨다. 그러므로 하나님 아버지께서는 항상 아들 예수님의 간구를 들으신다. 우리가 예수 그리스도의 은혜와 성령의 능력으로 온전해지기 전까지는 하나님 아버지 앞에 설 사람이 아무도 없다. 심지어는 예수께서 재림하실 때, 살아 있는 성도들과 부활한 성도들이 이구동성으로 강림하시는 하나님의 광채 앞에 서서 "그분 앞에 누가 능히 서리요?"라고 외칠 것이다. 성도들의 기도들도 예수 그리스도의 완전하신 의, 즉 주님의 은혜의 향이 섞이지 않으면 아버지께 상달될 수가 없게 된다.

B. 중보의 기도를 받는 자들

여기서 한 가지 다시 한 번 확인하고 지나가야 할 것이 있는데, 그것은 죄인이 흠 없는 희생양을 가지고 뜰에서 속죄제와 번제를 드린 후에, 성소 안에 들어온 경험이 있어야 제사장이 그를 위해 중보의 기도를 드려 속죄를 얻도록 할 수 있다는 것이다(물론, 믿음으로 성소 안으로 들어간다는 것은 우리의 영적 경험을 상징적인 의미에서 말하는 것). 다시 말해서, 진정한 개심의 경험과 죄를 씻고 버리는 경험이 없는 사람에게는, 그가 아무리 많은 진리를 이해하고 동의했다고 할지라도, 아무리 열심히 교회에 출석한다고 할지라도 실제는 예수 그리스도의 완전하신 의로 옷 입혀지거나 중보의 기도를 받은 역사가 없다는 사실을 말한다. 진정한 성소 뜰의 경험을 통해서 성소로 들어가지 못한 사람을 위해서는 주님께서 그를 위해 중보의 기도를 드리실 수가 없는 것이다. 그의 죄가 진정으로 뉘우쳐지고 포기되어 양으로 전가되지 않았기 때문에 예수께서 그를 위해 아버지 앞에서 중보하실 수가 없다.

그렇다면, 오늘날 많은 기독교인이 교회에서 예수님의 이름으로 기도를 드리고 있지만 실상 주님의 이름으로 중보의 은혜를 받는 자들의 숫자는 실제로 아주 적을 수가 있다는 말인가? 많은 그리스도인의 고백한 죄들이 실상은 한 번도 하늘 성소에 올라가서 대제사장의 중보를 통해 죄 사함을 받은 적이 전혀 없을 수가 있다는 말인가? 두려운 일이지만, 그렇다. 그렇게도 많은 사람이 자기들의 죄가 하늘 성소로 옮겨져서 죄 사함을 받았을 것이라는 어렴풋한 착각 속에서 살아가고 있지만, 실상에는 그들의 죄가 한 번도 성소로 옮겨지지 않았을 수 있다.

그러므로 많은 그리스도인이 끝 날에 "주여 나를 모르십니까?"라는 절규의 호소 앞에서 예수님께서 내가 너희를 도무지 알지 못한다고 말씀하실 것이라고 마태복음 7장 25절이 기록하고 있는 것이다. **"나더러 주여 주여 하는 자마다 천국에 다 들어갈 것이 아니요 내 아버지의 뜻대로 행하는 자라야 들어가리라"**(마 7:21).

누구든지 다 성소의 은혜를 얻는 것이 아니라, 하나님께서 보여 주신 유일한 구원의 청사진인 성소 제도의 가르침대로 구원의 경험을 따라가는 자들에게만 중보의 향이 그들의 죄를 가려줄 것이다. 중보자의 기도의 향은 은혜의 시간이 계속되는 동안까지만 죄인의 죄를 가려 주게 되어 있다. 우리는 은혜의 부분을 강조함과 동시에 심판의 부분도 아울러 중요시하여야 한다. 이것이 바로 "**긍휼과 진리가 같이 만나고 의와 화평이 입맞추는**"(시 85:10) 것이 아니겠는가?

성도들이 완전한 성품을 향하여 성소의 길을 여행하는 동안에는 그리스도의 완전한 생애의 향이 그들을 가려 준다. 대속죄일이 마치면 우리는 하나님의 영광을 대면하여 얼굴과 얼굴을 맞대고 서게 되는 것이다. 죄인이 지성소의 하나님의 임재 앞에 서기 위해 나아가는 동안, 하늘 아버지께서는 그리스도의 중보의 향기 때문에 그 사람이 예수께서 사셨던 것처럼 완전한 생애를 산 것으로 간주하여 주신다.

C. 분향단의 향과 불

분향단의 향은 특수한 재료를 가지고 만들게 되어 있었고, 아무나 그 향의 재료를 흉내 내어 만들 수 없게 되어 있었는데(출 30:34-38), 그 이유는 성소의 향은 지극히 거룩한 것으로서 예수 그리스도의 거룩하고 죄 없는 생애, 즉 그의 거룩한 의를 상징하기 때문이다. 이 세상에 아무도 예수님 같이 깨끗하다고 말할 자가 없으며, 그것은 참람된 일이다. 또한, 아침저녁으로 향을 피우는 분향단의 네 뿔에는 속죄 제물의 피를 바르게 되어 있었는데, 그것은 주님의 용서의 은혜가 세상 어디서든지 회개하는 자녀들에게 힘 있게 나아간다는 상징이다.

성소의 분향단의 불은 아무 불이나 가져다가 사용할 수가 없도록 지시되어 있었다. 반드시 거룩한 불을 사용하게 되어 있었는데, 거룩한 불이란 성소 뜰에 있는 번제단에서부터 가져온 불이라는 뜻으로서, 제일 처음 그들이 성소 봉사를 시작했을 때에 하나님께서 하늘에서 내려 주셨던 그 불을 꺼뜨리지 않고 계속 사용하게 되어 있으며, 그 같은 거룩한 불을 가져다가 분향단에서 사용하게 되어 있다. 하나님의 마음에서부터 나온 거룩한 불인, 인류를 위한 사랑이 아니고서는 우리를 위한 갈보리의 속죄의 희생이나 중보의 기도가 이루어질 수가 없는 것이다. 하나님의 가슴 속에서만 나올 수 있는 거룩한 불, 그 거룩하고 뜨거운 사랑을 우리가 어찌 다 감사할 수 있겠는가!

번제단에서 드려진 속죄제로 인하여 죄인이 용서를 받고 구속함을 얻을 수 있는 준비가 마련되었으나 막상 제사장이 그 피를 성소로 가지고 들어와 휘장 앞에 일곱 번 뿌리고 그 고백한 죄들을 위해 중보 기도를 향단 앞에서 드리기까지는 속죄가 이루어지지 않았다(레 4:26,35; 5:10,16; 6:7 참조). 마찬가지로 주님께서 십자가에 돌아가실 때에 우리의 구속을 위한 준비가 마련된 것이지, 거기에서 우리의 구속이 다 끝나고 완성되 버린 것이 아니다.

예수께서 부활 승천하신 후 하늘 성소에 들어가셔서 우리들의 죄를 위해 중보하시는 기도가 없이는 십자가의 희생이 효험이 없다. 그러므로 하늘 성소에서 사람을 위해 진행되는 그리스도의 중보 사역은 구원의 계획에 있어서 십자가 상에서의 그분의 죽음과 마찬가지로 중요한 것이다. 그분께서 부활하신 후 승천하여 하늘에서 완성하실 일은 그분의 죽음으로 시작되었다.

지상 성소에서는 인간의 연약함 때문에 수시로 제사장들을 교체할 필요가 있었으나, 하늘 성소에 계신 그리스도께서는 단번에 자기의 피로 하늘 성소로 들어가신 대제사장으로서 영원히 변치 않는 항상 살아계신 중보자이시다.

성소 안의 세 가지 기구들은 성화의 생애를 사는 유일한 방법을 가르쳐 주고 있는데, 곧 하늘을 향하여 여행하는 나그네 길을 비추어 주는 진리의 빛과, 여행하는 나그네에게 힘과 양분을 공급하기 위한 생명의 떡인 하나님의 말씀과, 때를 따라 돕는 은혜를 공급받기 위한 기도의 무기가 바로 그것이다. 우리는 세상을 향하여 문을 닫고 하늘을 향하여 문을 열어서 하나님의 말씀을 먹고 힘을 얻으며, 영혼의 호흡인 기도를 통해 하나님의 마음속으로 들어가서, 거룩하게 사는 비결을 배우는 것이다. 바로 그것이 타락한 세상에 살았지만, 세상에 속하지 아니하고 거룩한 하나님과 300년 동안 동행했던 에녹의 성화의 비결이었다.

⑵ 성소가 말해 주는 예수님의 중보 사역

1. 중보 사역

그리스도의 중보 사역과 우리 구원의 관계는 지금까지 공부한 성소에 잘 나타나 있다. 우리가 갈보리의 십자가에 가까이 나아갈 때에 그곳에서 비할 데 없는 사랑이 있는 것을 보게 된다. 우리가 믿음을 가지고 희생의 의미를 깨닫게 될 때에 우리 자신이 하나님의 법을 어기고 범죄하여 정죄를 받은 죄인임을 알게 된다. 바로 이것이 회개이다. 우리가 겸손한 마음으로 나아갈 때에 하나님께로부터 사유하심을 얻게 되는데, 그 이유는 예수 그리스도께서 계속적으로 번제단에서 세상의 죄를 위해 희생 제물을 바쳐지는 자로 상징되었기 때문이다.

예수께서는 사람의 손으로 만들지 않고 하나님께서 만드신 참 하늘 성전에서 봉사하시는 분이시다. 유대인들이 가지고 있었던 지상 성소는 지금에 와서 아무런 의미가 있지 못하다. 날마다 드리는 것과 해마다 드리는 상징적인 속죄는 이 이상 더 드릴 필요가 없다. 참 유월절 양이신 예수님의 희생이 그 상징의 원형이셨다. 그러나 인류들이 끊임없이 범죄를 계속하고 있으므로 우리의 중보자이신 대제사장 예수님의 보혈을 항상 다시 적용시키는 일이 필요하다. 예수님께서는 지금도 하나님의 보좌 앞에서 의식을 집행하고 계시다. 이 지상에서 죽임을 당한 어린 양이셨던 것처럼 지금 하늘 성소에서도 당신의 흘리신 피를 제시하시면서 회개하는 사람의 죄들을 씻어 주시고 계신다. 예수님께서는 죄인의 모든 범죄와 모든 사소한 실수를 위해서 지금도 당신의 보혈을 제공하고 계신다.

우리의 중보자이신 그리스도와 성령께서는 인간을 위해 계속 중재하고 계시는데, 성령께서는 그리스도처럼 당신의 피를 바치셔서 우리를 위해 탄원하시지는 않지만, 우리들의 심령에 역사하셔서 우리의 기도와 참회를 자아내며 찬송과 감사를 불러 일으키시고 계신다. 우리의 입술에서 흘러나오는 감사의 표현은 성령께서 우리의 심령 속에 있는 거룩한 기억력을 울려 내어 마음의 음악을 상기시킨 결과이다. 참된 신자가 드리는 종교적 의식, 기도, 찬송 및 죄의 자복은 분향처럼 하늘 성전으로 올라가기는 하나, 그것들이 인간의 타락한 통로를 통과함으로 피로 정결함을 입지 않는 한 더러워져서 결코 하나님 앞에서 가치 있게 여겨질 수가 없다. 그것은 하나님의 우편에 계셔서 모든 것을 당신의 의로써 순결하게 하시는 예수님, 우리 중보자가 없이는 하나님께 받으시는 바 되지 못하는 것이다.

이 지상 성막에서 피우는 모든 분향, 즉 우리들의 기도는 그리스도의 깨끗하게 하시는 핏방울에 젖어야 한다. 예수님은 하늘 아버지 앞에서 당신 자신의 공로를 담은 향로를 들고 계시는데, 그 가운데는 세상에 썩어질 것으로 더러워진 것은 하나도 없다. 주님께서는 이 향로 안에 성도의 기도와 찬송과 자복을 모아 담으시며 이 가운데 당신 자신의 흠 없는 의를 섞으신다. 그렇게 할 때에 그리스도의 화목 제물의 공로로서 향기를 풍기며, 하나님 앞에 분향할 때에 우리의 회개와 헌신이 전체적으로 완전히 받으시는 바 되는 것이다. 또한, 그때에 은혜로운 응답이 내리게 된다. 우리는 순종과 회개와 찬송과 감사로 드리는 모든 것이 그리스도의 의의 뜨거운 불 앞에 놓여야 한다는 것을 깨달아야 한다. 이 의의 향기는 자비의 보좌를 둘러싼 구름처럼 하늘로 올라갈 것이다.

2. 지속되어야 하는 거듭남

여기에서 한 가지 중요한 과정을 언급하고 지나가지 않을 수가 없다. 칭의의 경험을 통해(성소 뜰의 경험) 성소 안, 즉 성화의 경험으로 들어간 그리스도인이(성화는 그리스도인이 칭의의 경험을 얻을 때 동시에 마음속에서 시작) 그 속에서 다시 범죄하여 뒤로 물러갔을 때에는 어떻게 해야 하는가? 우리가 알다시피 성소 안에는 죄의 용서를 위한 희생 제사가 없다. 그러면 그 범한 죄를 사함 받기 위해 어떻게 해야 하는가? 그렇다. 성소 뜰에서 제물을 드려야 한다. 그 말은 다른 말로 바꿔서, 희생양을 가지고 다시 성소로 와서 번제단 앞에서 죽이는 거듭남의 속죄제 경험을 다시 해야 한다는 것이다. 왜냐하면, 어떤 신자들은 간혹 거듭난 경험을 잃어버리고 뒤로 물러가는 경험을 하고 있기 때문이다.

이번에는 물론 처음처럼 긴 기간이 걸리거나 오랜 자복이 필요치는 않겠으나 주님의 십자가 밑에서 자기가 잘못하여 범한 죄 때문에 고통당하시는 어린 양 예수님을 깊이 바라보는 경험을 다시 가져야 한다. 십자가 앞에 가지 않고는 어떠한 죄인도 진정으로 죄의 모습을 보고 슬퍼할 수가 없다. 자기가 범한 그 죄에 대하여 뉘우치고 다시 거듭난 다음에 빨리 성소 안으로 복귀되는 것이다. 기억하도록 하자. 죄는 항상 우리와 하나님의 사이를 내고 있다는 사실을. 죄를 진심으로 회개하고 버리지 않은 상태에서 여전히 예수님의 의가 그를 덮어주고 있다는 가르침은 성소의 가르침이 아니다. 그것은 다른 영의 가르침이다. 이 사실을 이해하기 위해 실제적인 한 가지 예를 들어 보도록 하자.

지금으로부터 약 20년 전의 일이다. 나와 내 아내는 라오디게아 교인의 상태를 깨닫고 나서 고심하던 나머지 진심으로 하나님께 회개하고 다시 마음을 주 앞에 전적으로 굴복하는 귀한 경험을 주님께로부터 받았는데, 그러한 주께서 주시는 진정한 개심의 경험을 새롭게 한 후 얼마 지나서의 일이었다. 처음 몇 달 동안은 우리가 하나님과 동행하는 성화의 발걸음에 기쁨이 충만하였었다. 실제로 적용시키자면 우리가 성소 뜰의 경험을 통해 성소 안의 성화의 과정 속에 들어와 있었다는 말이다. 그러던 중 한번은 아내와 함께 교인의 가정을 방문했었는데, 그곳에서 우리는 어떤 사소한 의견 차이를 가지게 되었다.

방문을 잘 마친 다음 차를 타고 오면서 그 사소한 의견 차이와 되살아나는 자존심들을 하나님께 굴복하지 않은 까닭으로 서로 다투기 시작하였다. 집으로 돌아오는 약 25분간 우리는 서로 양보하지 않고 부부싸움을 한 것이다. 성소 안에서 우리는 다시 하나님께 범죄한 것이다. 과거의 연약성이 다시 세력을 얻으려고 일어나는 것을 하나님께 즉시로 "때를 따라 돕는 은혜"를 간구하여 승리하지 못하고, 피할 길로 가지 않아서 그만 쓰러지고 만 것이다.

이제 어떻게 해야 할까? 나는 그때 차에서 내려 집으로 들어오는 동안 성령의 음성을 듣게 되었다. "병국아! 네 아내에게 사과해라. 너는 오늘 네 아내를 잘못 다루었다. 네 아내에게 가장으로서 예수님의 모습을 보여 주는 일에 실패했단다. 너는 네 자존심과 급한 성미를 하나님께 굴복하고 드리기로 약속했지 않니? 하나님과 네 아내 앞에 빨리 회개하고 돌아서라." 그것은 분명하고도 부인할 수 없는 뚜렷한 성령의 음성이었다.

그때 나는 얼핏 이런 생각을 하였다. "아니 성령님, 무슨 말씀을 하십니까? 내가 목사지 아내가 목사는 아니지 않습니까? 내 아내가 오늘 월권하는 말을 했지 내가 잘못한 것이 아니잖아요? 내가 지금 사과하면 아내의 버릇이 더 나빠지지 않겠습니까? 왜 내가 먼저 사과해야 하나요?" 그러다 나는 무슨 일이 벌어지고 있다는 사실을 얼른 알아차리고 즉시로 성령의 음성에 굴복하기로 하였다.

아내는 먼저 방에 들어가 침대에 누워 있었다. 침대 옆에 놓여 있던 소파에 앉아서 나는 나지막하게 내 아내를 불렀다. "여보!" 아무 응답이 없었다. "여보!" "…" 얼마가 지나자 아내는 일어나 방을 나가려고 하다가 조용히 눈물을 흘리고 앉아 있는 나를 발견하더니 얼른 다가와 "여보! 왜 그래요?"라고 물었다.

나는 아내를 끌어안고 내 눈물을 아내의 뺨에 묻히면서 사과했고 우리는 이렇게 기도했다. "하나님 죄송합니다. 우리가 또 하나님께 범죄하였습니다. 주님의 마음을 아프시게 하였고, 주님의 이름에 욕을 돌렸습니다. 사탄이 얼마나 주님과 선한 천사들을 야유했겠습니까? 주님! 우리의 죄를 다시 사하시고 우리를 다시 성소 안으로 불러 주시옵소서. 우리는 다시 하나님과 걷고 싶습니다. 거룩한 동행의 길을…." 그 이후로 우리는 훨씬 더 은혜스럽고 좋은 결혼생활을 계속하게 되었다. 물론 하나님의 말씀을 먹는 일과 하나님과 늘 교통하는 기도를 게을리하지 않으므로 인한 능력을 통해서 말이다.

성소에서 성화의 길을 걷다가 수십 번 아니 수백 번 실수나 범죄를 통해 들락날락 성소 안과 밖을 넘나들 수가 있을 것이다. 그러나 성소에서 들락날락 거리는 회수가 많아지면 많아질수록 우리의 양심 또한 그렇게 무뎌진다는 두려운 사실을 기억해야 한다.

우리는 하나님의 은혜를 받되 감사함과 존절함으로 받아야 한다. 우리는 다시 주님을 십자가에 못 박는 일이 없도록 해야 한다. 우리는 아직까지 죄와 함께 피 흘리기까지 싸우지 않고 있다. 그래서 아직 우리에게 늦은 비 성령의 역사가 없는 것이다. 늦은 비는 죄를 다 이기게 해 주고 성품을 완전케 해 주기 위해 임하는 것이 아니고, 죄를 다 승리하고 성품을 그리스도의 능력으로 온전케 이룬 자들에게 임하는 것이다. 그것은 복음 전파에 능력을 주고자 임하는 것이지 우리를 준비시키기 위해 임하는 것이 아니다. 마가의 다락방에서 회개하고 준비된 제자들에게 오순절 성령이 부어졌던 것처럼 말이다. 여러분은 하나님 앞에 서기 위해 준비하고 있는가?

3. 칭의와 성화의 과정에서

첫째 칸을 지나서 둘째 칸 지성소로 나아가기 전에, 대속죄일과 지성소의 경험 그리고 14만 4천인 마지막 세대에 대하여 공부하기 전에 한 가지 사실을 주지하고 지나가기로 하자.

칭의와 성화의 과정 속에 있다가 범죄하면 칭의의 경험을 잊어버리는 것인가? 그렇다. 범죄하여 쓰러졌을 때 회개하지 않고 죄를 그냥 품고 있는 한, 그러한 상태에 머무는 한, 그 죄인은 의롭다 하심을 받은 상태에서 떠난 자이다. 너무 지나친 말 같지만, 하나님께서는 죄와 함께 하실 수가 없는 분이시다. 하나님께서는 죄를 용서하시지만, 그 대가는 갈보리라는 사실을 기억해야 한다. 죄를 그냥 잊어버리고 모른 척 하시는 것이 아니다. 죄는 회개하고 버리는 일로 다루어지든지 아니면 죄와 함께 그 죄인을 영원히 멸하여 버리든지 간에 죄는 영원히 다루어져야 하는 것이다. 죄인은 하늘에 살 수가 없다. 그래서 최종 심판이 필요한 것이 아닌가!

다윗이 범죄하였을 때에는 더는 하나님의 마음과 합한 자가 아니었다. 다윗이 순전하여 하나님의 권면에 따라 행할 때 하나님께서 그를 하나님의 마음에 맞는 자라고 부르셨다. 그러나 다윗이 하나님을 떠나 범죄함으로서 그의 고결한 성품에 흠을 내었을 때 더 이상 그는 하나님의 마음에 맞는 자가 아니었다. 하나님께서는 죄 가운데 있는 그를 의롭다 하지 않으셨으며, 그가 하나님의 계명을 범하였으므로 오히려 선지자 나단을 보내셔서 무시무시한 선고를 내리셨다.

그러므로 다윗은 회개할 때에 **"하나님이여 내 속에 정한 마음을 창조하시고 내 안에 정직한 영을 새롭게 하소서 나를 주 앞에서 쫓아내지 마시며 주의 성신을 거두지 마소서 주의 구원의 즐거움을 내게 회복시키시고 자원하는 심령을 주사 나를 붙드소서"**라고 부르짖었다(시 51:10-12). 우리가 범죄했을 때에 하나님의 자비에서 떠난 것은 아니다. 그러나 분명한 것은 우리가 범죄했을 때에 하나님의 칭의에서 떠난 것이다. 그러므로 우리는 신속히 회개하고 하나님께로 돌이키는 일에 지체해서는 안 된다. 물론 하나님께서는 죄인의 진실한 의도를 헤아리시고 회개하는 죄인에게 은혜를 베푸시지만, 죄인이 죄를 범하고 그러한 상태에서 회개하는 일과 죄를 포기하기를 거부하면 그 영혼에는 영원한 멸망이 따르는 것이다.

하나님의 은혜를 값싼 것으로 생각지 말자. 하나님의 은혜는 오히려 값비싼 은혜이다. 죄를 계속 지으면서 살아도 하나님의 은혜를 붙잡고 있는 한 하나님께서 불쌍히 여겨 주시고 내어쫓지 않으신다는 잘못된 기만에 속지 않도록 하자. 하나님께서는 우리의 죄를 용서해 주실 뿐만 아니라, 모든 죄와 유혹을 이길 힘과 능력도 아울러 허락하셨다. 우리를 모든 죄와 그 세력들로부터 구원하시고 성소 안으로 이끄시어 거룩한 생활을 유지할 방법들을 계시하며 가르쳐 주시는 우리 하나님께 감사와 찬송을 돌리자!

6장

지성소 – 인침의 경험

(1) 지성소

이제부터 지성소에 대하여 연구해 보기로 하자. 지성소 안에는 무엇이 있는가? 지성소 안에는 법궤가 있다. 그리고 법궤 위에 하나님의 영광인 쉐키나가 있다. "쉐키나"는 히브리 말로 "임재"라는 뜻이다. 하나님의 영광의 임재를 말하는 단어이다. 지성소는 하나님과 죄인이 만나는 곳이다. **"그룹들은 그 날개를 높이 펴서 그 날개로 속죄소를 덮으며 그 얼굴을 서로 대하여 속죄소를 향하게 하고 속죄소를 궤 위에 얹고 내가 네게 줄 증거판을 궤 속에 넣으라 거기서 내가 너와 만나고 속죄소 위 곧 증거궤 위에 있는 두 그룹 사이에서 내가 이스라엘을 위해 네게 명할 모든 일을 네게 이르리라"**(출 25:20–22).

지성소는 하나님의 성소의 목적지요, 마지막 결론이다. 그러므로 죄인이 성소의 과정들, 즉 성소 뜰의 칭의의 경험과 성소 안의 성화의 경험들을 통과한 것은 지성소의 하나님의 영광의 광채인 쉐키나 앞에 설 수 있게 되기 위함이었다. 죄인이 하나님의 광채 앞에 서서 하나님의 얼굴과 얼굴을 대면하여 볼 수 있게 되는 것은 하나님께서 고안하신 방법을 따라 죄의 문제를 마음속에서 해결하였기 때문이다.

지성소는 심판을 의미한다. 죄 때문에 에덴에서 쫓겨난 인류가 다시 에덴으로 회복되려면 우리를 쫓겨나도록 만든 그 죄와 관련이 있는지 없는지를 조사하고 검토하는 일이 선재해야만 한다. 죄와 반역으로 말미암아 자기 친구들 삼분의 일을 잃고 그토록 가슴 아픈 하늘의 대전쟁을 치러야 했던 하늘 천사들과 우주 거민들은 죄와 반역이라면 아주 진절머리가 나도록 지긋지긋하게 되었다. 그러한 수많은 천사가 하늘 심판석에 배심원으로 앉아 있는데, 과연 우리가 적당하게 지나갈 수가 있겠는가? 절대로 그럴 수가 없다. 우리의 죄는 정확하게 조사와 심판을 받아야 하는 것이다.

1. 살펴보는 심판

우리는 죄 없는 하늘로 되돌아가 구원을 얻기에 안전한 사람들이 되어야 한다. 만일 하나님께서 죄인들을 저들의 죄에서 예수 그리스도의 피의 보혈로 그저 간단하게 용서해 주시고 씻으셔서 모두 다 구원해 주실 수가 있는 것이라면 왜 이렇게 오랫동안 죄의 역사를 길게 끌고 계시며 재림을 지체해 오셨겠는가? 하나님께서는 죄인이 정말로 죄를 슬퍼하며, 죄를 버릴 마음이 있는지를 살펴보시고, 또한 그가 예수님을 믿는 믿음을 통해 정말 죄를 미워하여 버리기로 작정하였으며, 그 증거로 주님께서 주시는 은혜를 믿음으로 받아들여서 죄를 승리하고 있는지를 확인해 보셔야 한다. 회개한 죄인이 정말로 회개한 것인지, 그 회개의 경험을 줄곧 지켜오고 있는 것인지를 조사해 보셔야 하는 것이다. 받은 빛에 대한 온전한 순종은 우리 믿음의 살아 있는 증거이다.

살펴보는 심판을 좀더 쉽게 이해할 수 있도록 도와주는 미국의 한 가지 법 조항이 있는데, 우리는 그 법을 "인터라커토리 선고법(Interlocutory Judgement)"이라고 부른다. 그 뜻은 다음과 같다. 예를 들어 한 부인이 이혼을 신청해 올 때에 판사는 그 부인에게 이혼을 허용해 주되, 2년 동안의 유예 기간을 주면서, 그동안 그 부인은 언제든지 마음을 바꿔 먹고 다시 본 남편에게로 돌아갈 수가 있게 만드는 판결인 것이다. 본 남편에게로 돌아가는 즉시 그때로부터 그 조건적인 이혼은 무효가 되고 다시 이전의 상태로 원상복귀하게 되는 것이다. 이와 마찬가지로 우리가 원한다면 언제든지 옛 애인인 사탄과 죄악으로 돌아갈 수가 있다. 그러므로 우리의 용서와 구원은 우리의 마음과 성품이 하나님의 계명과 일치하는지를 살펴보고 심판하는 일이 있기 전까지 조건적일 수가 있다는 말이다. 물론 우리가 주님의 손을 놓지 않는 이상 우리의 구원은 확실한 것이다. 예수님께서는 당신께 나아오는 자들을 결단코 내어 쫓지 않으신다.

하나님께서는 우리를 심판하는 과정을 통과하지 않고서도 모든 일을 다 아시는 분이시다. 그러므로 살피는 심판은 오히려 천사들과 우주 거민들에게 하나님의 심판이 의롭고 공정하다는 사실을 드러내 보이시기 위해 각 사람에 대한 하나님의 판결을 펼쳐서 보여 주시는 일이다. 그들의 모든 행위와 동기와 생각들을 기록한 책들을 펼치시면서 하나님의 심판의 결과를 알게 하실 때, 하나님의 보좌 주위에서는 **"할렐루야 구원과 영광과 능력이 우리 하나님께 있도다 그의 심판은 참되고 의로운지라"**(계 19:1,2)는 찬송이 울려 퍼진다. 그래서 온 우주가 하나님의 심판의 공정함과 의로우심을 의심 없이 다 인정하게 되는 것이다.

사탄은 피조물들 마음 가운데 하나님께 대한 의심의 씨를 심었다. 그러므로 하나님의 심판의 과정은 하나님의 자비하시고 공의로우신 성품을 모든 이들이 볼 수 있도록 계시하는 경험이 되는 것이다. 더는 하나님께 대한 의심이 존재하지 않을 것이다. 그래야 우리의 예배와 경외하는 일이 순수한 존경과 사랑에서 나오는 것이 될 것이기 때문이다. 하나님께서 회개한 의인들을 영원히 구원하시기 전에 심판은 반드시 필요한 일이다. 우리는 믿음으로 구원을 받는다. 하지만, 행함으로 심판을 받는다고 성경은 가르치고 있다. 그러나 하나님의 심판은 자비로운 심판이라는 사실을 기억하도록 하자. 하나님께서는 의인들을 옹호하고 구원하려고 심판을 베푸시는 것이지 죄를 찾아내는 고리 대금업자 같은 마음으로 심판하시는 것이 아니다. 이사야가 **"시온은 공평**(Judgement, 심판)**으로 구속이 되고 귀정한 자는 의로 구속이 되리라"**라고 말씀한 것처럼 우리는 하나님의 의로운 심판을 통해 구속을 받게 된다(사 1:27).

성소에서 매일 드리는 제사를 통해 죄를 고백했을 때에 그들의 죄가 용서받아 왔는가? 그렇다. 그들은 확실하게 용서를 경험해 왔다. 그렇다면 왜, 대속죄일에 죄를 다시 살펴보고 정결케 하는 일이 필요한 것인가? 왜냐하면, 살펴보는 심판 사역 전까지는 죄의 용서가 조건적이었기 때문이다. 하나님께서 당신의 약속을 지키지 않으시기 때문이 아니라, 인간 편에서 마음이 변하고 진실하지 못하기 때문에 문제인 것이다. 그러므로 하늘은 그 죄인이 여전히 진정으로 용서받고 싶어하는지를 살펴보는 일이 필요하며, 하나님께서는 당신의 의로우신 심판을 우주 앞에 펼쳐 놓으시는 과정이 필요하다. 죄와 반역의 역사를 마감하기 위해서 하나님을 믿는다고 공언하는 자들의 성품을 살펴보고 확정 짓는 일이 필요한데 그것은 하나님을 위해서가 아니라 천사들과 우주의 모든 존재를 위해서 하는 것이다. 사탄의 고소 앞에서 하나님께서는 구원하여 데려가시는 의인들이 영원히 살 자격이 있다는 사실을 증명해 보이셔야 한다. 진정으로 용서받은 상태는 죄를 승리하는 상태라는 사실을 기억하자.

2. 지성소의 구조와 그 의미들

죄의 용서와 죄의 도말은 엄연히 다른 사실이다. 다음 장에서 설명할 죄의 도말에 관한 내용을 읽는다면 그 차이를 분명하게 이해할 수 있게 될 것이다. 대속죄일에 죄를 살펴보고 심판하는 일이 없이는 죄의 도말이 있을 수가 없고 죄의 도말이 없이는 하나님께서 이 지구의 죄의 역사를 끝내실 수가 없다. 필자가 성소에 관한 책을 집필하는 이유는 성소의 각 기구나 자세한 분야들을 설명하기 위함보다는 하나님께서 성소 제도를 통해 나타내고자 하시는 구원의 청사진을 우리의 경험적인 면에서 설명하려고 애쓰는 것이다. 그러므로 지성소의 구조를 간단하게 언급하고 나서 본론으로 들어가 보도록 하자. 지성소 안에는 법궤 하나만 있었는데, 그 법궤 속에는 십계명 두 돌비, 만나 항아리 그리고 아론의 싹난 지팡이, 이 세 가지가 들어 있었다.

A. 법궤

"법궤"는 "언약궤" 또는 "증거궤"라고도 불리는데, 그것은 하나님께서 율법을 기초로 해서 당신의 백성과 언약을 세우셨던 까닭이라 하겠다. 바로 그 법궤 위를 "시은좌"라고 부르고 있는데, 그것만 보아도 하나님의 은혜와 당신의 보좌의 기초는 하나님의 십계명인 것을 알 수 있다. "육신을 좇지 않고 그 영을 좇아 행하는 우리에게 율법의 요구를 이루어지게"

하는 경험이 중생의 경험이요, 정죄함에서 벗어난 경험인 것이다(롬 8:4). 하나님의 은혜는 율법을 없이하고서 베푸는 것이 아니다. 하나님께서는 율법 없이 은혜를 독립적으로 행사하실 수가 없으시다. 그러므로 인류에게 집행유예 기간을 주셨으되 그리스도 희생의 피가 율법의 요구인 최후의 심판을 피하고 조건적인 은혜의 기간을 얻도록 길을 열어 준 것이다. 회개하고 하나님께 속하는 자들에게 그 은혜의 피는 영원한 용서와 생명을 주게 되는 것이요, 그 피를 의지하지 않는 자에게는 결국에 가서 그 용서의 은혜를 전혀 누리지 못하는 처지에 놓이고 말게 된다.

법궤는 영어로 Ark라고 하는데, 이 Ark라는 단어는 성경에서 세 번 적용되었다. 노아 홍수의 방주(Ark)가 그 하나이고, 또 아기 모세를 갈대 상자에 담아서 나일강에 띄어 보냈던 그 상자도 Ark라고 불렀다. 그리고 세 번째로 지성소의 언약궤가 Ark이다. 이 Ark는 한 세대에서 다시 새로운 세대로 넘어가게 만드는 담는 상자였다. 그 의미는 분명하다. 죄악 세상에서 의로운 세상, 새 하늘과 새 땅으로 넘어갈 자들은 하나님의 계명을 지키는 성품을 가지고 반역하는 마음이 없는 사람들이다. 그들은 임마누엘 피의 보혈로 씻고 의롭게 변화함을 받은 자들이다. 법궤 속에는 하나님의 정부의 기초인 하나님의 사랑의 성품을 표현한 십계명이 들어 있다.

B. 만나의 항아리

법궤 안에 담겨 있던 만나의 항아리는 하나님의 계명을 지킬 수 있도록 힘을 주기 위해 하늘에서 내리는 생명의 떡을 상징하는 것으로서, 궁극적으로는 예수 그리스도를 상징하고 있다. 이것은 실제적인 의미에서 하나님의 말씀을 먹는 일, 곧 하나님의 말씀을 읽고 명상하며, 그분의 뜻대로 사는 것을 말한다. 그런데 이것은 또한 실제적인 면에서 육신의 건강 법칙을 지키는 일도 포함된다. 하나님의 성전인 우리 몸의 건강을 위해 해로운 것을 삼가는 것과 우리가 죄를 승리하고 하나님의 계명을 지키는 일에는 필수적인 관계를 맺고 있다. **"그러므로 너희는 먹든지 마시든지 무엇을 하든지 다 하나님의 영광을 위해 하라"**(고전 10:31)고 말씀하신다.

C. 아론의 싹 난 지팡이

법궤 옆에는 아론의 싹 난 지팡이가 있었다. 아론의 싹 난 지팡이는 첫째로 하나님의 백성을 계명을 지키는 참된 이스라엘로, 다시 말해서 참된 남은 교회로 인도하시기 위해 당신의 종, 곧 당신이 택하신 선지자들을 통해 일하신다는 사실을 말씀하시는 것이라 하겠다. 그러나 아울러 중요한 사실은 아론의 마른 지팡이에서 새싹이 난 것처럼, 하나님 안에서 중생하고 새로운 생명으로 태어난 자만이 하나님의 계명을 지킬 수가 있다는 사실을 말해 주고 있는 것이다. 새로 태어난 새로운 삶을 이제는 하나님의 율법에 순종하는 생애로 바친다는 표현이다.

D. 두 그룹 천사

법궤 위, 시은좌의 양 옆에 서 있는 정금으로 만든 두 그룹 천사들은 우리에게 놀라운 의미를 주고 있는데, 이 그룹 천사들에 관하여서는 지면을 좀 할애하여 연구해 보는 것이 좋을 듯하다.

이 그룹 천사들은 실제로 넷 이었다. 법궤 위에 둘이 있었고, 나중에 다윗이 계시 가운데 지시를 받고 아들 솔로몬에 의하여 짓도록 명한 솔로

몬 성전에는 두 그룹 천사가 추가되어 지성소 법궤 앞바닥에 놓이게 되었다(열왕기상 6장 참조).

법궤 위에 있던 두 그룹 천사들은 순금으로 만들어졌고 바닥에 놓였던 천사들은 올리브나무로 만들어서 정금으로 그 위에 씌운 것이었다. 올리브나무로 만들어 순금을 씌워 세운 큰 천사 둘은 하나님의 율법을 수호하는 하늘 천사들을 대표하는 것이었다.

먼저 이 그룹 천사들이 누구인가를 알아 보자. **"그룹들이 올라가니 그들은 내가 그발강 가에서 보던 생물이라 … 그것은 내가 그발강 가에서 본바 이스라엘 하나님의 아래 있던 생물이라 그들이 그룹인 줄을 내가 아니라"**(겔 10:15,20). **"여호와께서 통치하시니 만민이 떨 것이요 여호와께서 그룹 사이에 좌정하시니 땅이 요동할 것이로다"**(시 99:1).

위의 성경 말씀들에 의하여 하나님의 보좌 자체가 네 생물이요, 그 네 생물이 그룹 천사들이요, 그 그룹 천사들 가운데 하나님께서 좌정하시는 것을 알 수 있다. 다시 말하자면 하나님께서 가시는 곳마다 그룹 천사들이 하나님을 따라다니는 것이다. 그들의 임무는 하나님을 호위하는 것이다. 법궤 위의 그룹 천사들이 시은좌의 하나님의 영광을 자기들의 몸과 날개로 반사하고 있는 것처럼 이 네 그룹들은 하나님의 성품을 온 우주 앞에 가장 잘 반사할 수 있는 존재들인 것이다. 그런데 타락했다가 예수 그리스도의 공로로 돌아와 주님의 사랑을 통해 온전하게 변화되고 순결해진 인간들보다 하나님의 구속의 사랑과 은혜의 성품을 더 잘 이해하고, 더 잘 닮을 수 있고, 더 잘 나타낼 수 있는 존재가 이 우주 가운데 또 어디 있겠는가!

요한계시록 4장을 보면 네 생물이 하나님의 보좌 옆에 서 있는 모습이 나오는데, 독수리, 사자, 소, 사람 얼굴의 모양들을 가지고 서 있는 것을 보게 된다. 이것은 하나님의 성품의 양상들을 나타내는 상징 언어인 것을 우리는 잘 알고 있다. 그런데 계시록 5장에 가서 이들이 구속 받은 인간들일 수 있다는 힌트를 발견하게 된다. **"책을 취하시매 네 생물과 이십사 장로들이 어린 양 앞에 엎드려 각각 거문고와 향이 가득한 금대접을 가졌으니 이 향은 성도들의 기도들이라 새 노래를 노래하여 가로되 책을 가지시고 그 인봉을 떼기에 합당하시도다 일찍 죽임을 당하사 각 족속과 방언과 백성과 나라 가운데서 사람들을(KJV에는 "우리들을") 피로 사서 하나님께 드리시고"**(계 5:8,9). 원래의 헬라어 원어에도 "사람들을" "우리를"이라고 기록하였고 라틴 불가타(Latin Vulgate) 성경에도 "우리를"이라고 번역되었으며, 위클리프와 틴 데일 같은 성경의 선구자들도 "우리들"이라고 번역하였다.

그러나 후세대에 와서 성경 번역자들이 그들의 견해를 가지고 단어를 바꿔 넣게 되었는데 그 이유는, "우리를(us)"이라고 번역을 하면 그 24 장로들과 같이 새 노래로 찬미하는 네 생물도 인간들이라는 말이 되기 때문에, 번역을 바꿔서 "사람들" 혹은 "그들(them)"이라고 번역하기에 이른 것이다.

생각해 보자. 천사들은 피로 구속함을 받을 필요가 없다. 왜냐하면, 범죄한 일이 없기 때문이다. 그러므로 이십사 장로와 함께 새 노래, 즉 구속의 감사의 노래를 부르는 네 생물이 "우리를 피로 사서"라고 찬미하는 것으로 보아 그들은 이 땅에서 구원함을 받아 올라간 인간들일 가능성이 있다. 그들이 바로 네 그룹 천사들인 것이다.

잠깐 이 문제에 대하여 생각해 보자. 사탄은, 항상 인간들에 대한 비난을 하나님 앞에 강력하게 제시하고, 그들이 죄 때문에 하나님의 보호를 잃어버렸다고 역설하면서 그들을 범법자로 죽일 수 있는 권리를 주장한다. 그는 자기 자신이 하나님의 은총에서 제외된 것과 꼭 마찬가지로 인간들도 그렇게 되어야 한다고 주장한다. 루시퍼는 타락하기 전에 그룹 천사였었다는 사실을 기억하자. 그는 하나님 곁에 있던 천사장이었다. 그러나 예수께서는 사탄의 비난을 논박하기 위해 우리들의 세상에 오셨다. 주께서는 인간 속에 일그러진 하나님의 형상을 회복하고, 회개하는 영혼 속에 거룩한 능력을 주셔서 타락과 부패로부터 우리를 들어 올리시기 위해 오셨다. 또한 인간들을 고상하게 고양시키고 회복시키시어, 사탄과 그의 천사들의 반역으로 말미암아 생긴 하늘 궁전의 빈자리들을 채우고 우리가 다시 거룩한 천사들과 친구가 되게 하시기 위해 오셨다.

천사들은 어떤 의미에서 구속을 받은 인류처럼 하나님의 사랑과 구속의 은혜를 이해할 수 없다. 그러므로 베드로는 **"하늘로부터 보내신 성령을 힘입어 복음을 전하는 자들로 이제 너희에게 고한 것이요 천사들도 살펴보기를 원하는 것이라"**고 말한다(벧전 1:12).

하나님께서는 당신의 보좌 주위에, 하나님의 구속의 사랑을 가장 깊이 깨닫고 그분의 성품을 가장 잘 닮은 네 명의 사람들을 네 그룹 천사로 삼아 호위해 서 있게 하실 가능성이 있다. 또한 십사만 사천을 당신의 보좌 옆 찬양대들로 만드실 것이다.

계시록 7장은 14만 4천에 대하여 다음과 같이 설명하고 있다. **"그러므로 그들이 하나님의 보좌 앞에 있고 또 그의 성전에서 밤낮 하나님을 섬기매 보좌에 앉으신 이가 그들 위에 장막을 치시리니"**(계 7:15). 하나님께서는 이미 구속함을 받은 자 중에서 이십사 장로들을 세워서 하나님 보좌 주위에서 심판 사역을 돕는 증인들처럼 배심원의 역할을 감당하도록 하고 계시지 아니한가!

그러므로 하나님께서는 당신의 보좌 주위를 이 지구에서 구원받은 사람들로 두르실 것이며 그들의 간증과 성품의 전시 때문에라도 다시는 이 우주에 죄와 반역이 일어나지 못하게 될 것이다. 그러므로 성소 제도 속에는, 하나님께서 우리를 구원하시되 이렇게 타락하여 악해진 모습에서부터 거룩한 천사, 곧 거룩한 그룹 천사의 자리까지 끌어올려 회복시키시는 하나님의 복음의 능력과 오묘가 설명된 것이다.

하나님의 은혜와 사랑을 찬송하자! 성소에 나타난 구속의 계획을 보라! 양을 끌고 성소로 향해 가는 한 나약한 죄인이 드디어 하나님의 계획하신 구속의 단계들을 거쳐 법궤 위 그룹들의 위치까지 회복되는 모습을! 이 하나님의 놀라운 사랑의 의지를 명상해 보라! 그러므로 우리는 소망이 있다.

⑵ 대속죄일

자, 그러면 이제 지성소 연구의 가장 중요한 핵심인 대속죄일에 대하여 공부해 보기로 하자. 매일 드리는 제사와 매년 드리는 제사에는 커다란 차이가 있다. 그것은 죄의 용서와 죄의 도말의 차이를 다룬 다음 장에서 설명할 것이기 때문에 여기에서 언급하지 않기로 하겠다. 한 가지만 강조하고 지나가야 할 점은 대속죄일에 이스라엘 백성은 드디어 그들의 모든 허물에서부터 완전히 해방되고 정결케 되는 경험을 하게 된다는 것이다. **"이날에 너희를 위해 속죄하여 너희로 정결케 하리니 너희**

모든 죄에서 너희가 여호와 앞에 정결하리라"(레 16:30). 말하자면, 대속죄일을 지나기 전까지는 사실상 죄로부터의 완전한 정결은 아직 없다는 것이다. 그러므로 그날에 너희가 모든 죄로부터 여호와 앞에 정결하리라고 말씀하신 것이다.

물론 매일 자복하고 회개한 우리의 헌신을 통해 우리는 영원한 구원과 용서를 누리고 산다. 그러나 그 구속의 경험을 주님의 은혜 가운데 항상 유지해 나가야 하지, 한 번 얻었다고 영원히 구원받아 버린 것은 아니다. 이 사실을 사도 바울은 히브리서에서 힘있게 설명하고 있다. "주께서 가라사대 그날 후로는 저희와 세울 언약이 이것이라 하시고 내 법을 저희 마음에 두고 저희 생각에 기록하리라 하신 후에 또 저희 죄와 저희 불법을 내가 다시는 기억지 아니하리라 하셨으나 이것을 사하셨은즉 다시 죄를 위해 제사 드릴 것이 없느니라"(히 10:16-18). 이 말씀은 대속죄일에 대한 말씀이다.

성경에서 대속죄일 장(障)이라면 레위기 16장을 말하는데, 하나님께서 레위기 16장에서 이스라엘의 죄의 도말을 위한 대속죄에 대하여 설명하시면서 제일 먼저, 제사장들의 정결 사역을 말씀하셨다. 레위기 16장 1절은 다음과 같이 시작된다. "아론의 두 아들이 여호와 앞에 나아가다가 죽은 후에 여호와께서 모세에게 말씀하시니라." 나답과 아비후가 술에 취한 채, 하나님께서 지정하신 거룩한 번제단의 불 말고 다른 불을 가지고 성소에 들어가다가 하나님의 보좌로부터 불이 나와 태워 죽임을 당한 후에 하나님께서는 모세에게 대속죄일에 관하여 설명하셨다. 그리고는 2절부터 5절까지 다음과 같이 설명하셨다. "여호와께서 모세에게 이르시되 네 형 아론에게 이르라 성소의 장안 법궤 위 속죄소 앞에 무시로 들어오지 말아서 사망을 면하라 내가 구름 가운데서 속죄소 위에 나타남이니라 아론이 성소에 들어오려면 수송아지로 속죄 제물을 삼고 수양으로 번제물을 삼고 거룩한 세마포 속옷을 입으며 세마포 고의를 살에 입고 세마포 띠를 띠며 세마포 관을 쓸지니 이것들은 거룩한 옷이라 물로 몸을 씻고 입을 것이며."

하나님께서는 대속죄일을 시작하실 때에 제일 먼저, 제사장들이 정결케 되기를 원하신 사실이 뚜렷하게 드러나 있다. 대속죄일의 정결 사역을 선포하며, 그 중요성을 설명해야 하는 제사장들이 먼저 죄로부터 정결케 되는 경험이 없이 어떻게 대속죄일 사역을 집행하고 가르치며 감당할 수 있겠는가? 그러므로 대속죄일에 제사장들이 먼저 몸을 씻고 거룩한 옷으로 갈아입어야 했던 것처럼, 교회 지도자들의 진정한 속죄의 경험으로부터 교회의 속죄 사역이 시작되어야 하는 것이다.

항상 교회의 부흥과 개혁은 지도자들의 태도에 달렸다. 하물며 대속죄일의 정결 사역은 어떠하겠는가! 예수님의 재림이 지체되고 있다. 죄악의 역사가 종결되고 지구가 구속되는 일이 오랫동안 지체됐다. 무엇이 주님을 이렇게 지체하시게 하는가?

대제사장은 일 년의 마지막 날인 대속죄일에, 제일 먼저 자기 자신과 자기의 권속들을 위해 수송아지를 속죄제로 잡아서 그 피를 가지고 지성소 안에 들어가 시은좌 위와 그 앞에 일곱 번 뿌리고 죄를 완전히 용서받고 도말 받은 후에야 이스라엘 백성을 위해 속죄를 할 수 있게 되어 있었다. 한 가지 유의해야 할 사실은 대속죄일에도 매일 드리는 제사가 함께 드려졌는데, 이스라엘 백성의 아직 고백 되어 용서받지 못한 죄가 있을까 하여 수양을 속죄제로 여전히 드리게 되어 있었다. 그러므로 대제사장이 주님을 위해 뽑은 수염소를 죄의 도말을 위해 잡을 때까지 아직 그들에게는 용서의 희망이 있었던 것을 알 수가 있다.

오늘날 주님께서도 향로를 가지고 하나님의 보좌 앞에 나타나시어 우리들의 죄를 위해 마지막으로 간구하고 계신다. 마지막 중보의 기도가 올려지고 있다. 언제 매일 드리는 제사의 효험이 더는 역사 하지 않게 되어 죄의 도말을 위한 제물만 드려지게 될지 모른다.

역사적으로 현대 교회가 대속죄일에 들어가 있는 것이 사실이다. 우리는 지금, 계시록 예언들 가운데 하나인, 일곱 나팔 사건 중에서 제일 마지막 일곱째 나팔 시대에 살고 있다는 것을 예언적으로 보아 알 수 있다. "**일곱째 천사가 나팔을 불매 하늘에 큰 음성들이 나서 가로되 세상 나라가 우리 주와 그 그리스도의 나라가 되어 그가 세세토록 왕 노릇하시리로다 하니 하나님 앞에 자기 보좌에 앉은 이십사 장로들이 엎드려 얼굴을 대고 하나님께 경배하여 가로되 감사하옵나니 옛적에도 계셨고 시방도 계신 주 하나님 곧 전능하신 이여 친히 큰 권능을 잡으시고 왕 노릇하시도다 이방들이 분노하매 주의 진노가 임하여 죽은 자를 심판하시며 종 선지자들과 성도들과 또 무론 대소하고 주의 이름을 경외하는 자들에게 상 주시며 또 땅을 망하게 하는 자들을 멸망시키실 때로소이다 하더라 이에 하늘에 있는 하나님의 성전이 열리니 성전 안에 하나님의 언약궤가 보이며 또 번개와 음성들과 뇌성과 지진과 큰 우박이 있더라**"(계 11:15-19).

이 말씀을 통해서 우리는, 이 일곱째 나팔 시대가 하늘 지성소가 열리는 대속죄일의 시대인 것을 알게 된다. 지성소 속의 언약궤가 보이는 모습은 지성소 시대가 되었다는 것을 의미한다. 예수께서 이 세상에 사

실 때는 성소 뜰의 시대였다. 그리고 승천하시어 하늘로 올라가셨을 때는 역사적인 측면에서 교회가 성소 시대로 들어가서 십자가의 피로 씻음을 받고 거룩해져야 하는 요구에 대하여 이해하기 시작한 성소 시대가 된 것이었다. 그러므로 우리는 지금 하나님의 구속의 역사를 종결짓는 마지막 대속죄일에 살고 있다.

이 땅에 태어난 모든 사람이 각각 심판을 통해서, 과연 그들이 영원히 살게 하는 참된 믿음과 성품을 가졌는지를 평가받고 있다. 과연 하나님의 거룩하신 면전에서 살 수 있는 자인가를 판단 받는 것이다. 그들이 정말로 회개한 자들인지를 평가받는 것이다. 마태복음 22장의 혼인 예복의 비유에서 잔치에 참석한 자들이 예복을 입고 있는지를 조사받는 과정에서 우리는 예수님께서 오시기 전에(선고를 내리기 전에, 집행 심판이 있기 전에) 자격을 심판하는 일이 선재하는 것을 알게 된다. 물고기의 비유에서도 그물로 물고기를 끌어올린 다음에 좋은 생선과 나쁜 생선들을 골라낸다는 교훈을 배우게 되고, 또한 알곡과 가라지의 비유에서도, 세상 끝에 알곡을 골라내어 창고에 들이고 가라지는 뽑아내어 불에 태우게 된다는 교훈을 깨닫게 된다.

이것은 역사적인 측면에서 말하는 것이다. 그러나 우리의 개인적인 경험을 말할 때에는 다를 수가 있다. 어떤 이들은 성소 뜰의 경험을 하고 있을 수 있고, 어떤 이들은 성소 안에 서 있으며, 어떤 이들은 지성소의 경험을 하고 있을 수 있다. 혹 어떤 이들은 아무리 오래 교회를 다녔어도, 아직 성소 뜰 안으로 한 번도 들어가 보지 못한 자들도 있을 수 있다. 우리 자신들을 철저히 점검하자.

과연 죄의 정결 사역이 나의 영혼의 성전으로부터 진행되고 있는가?

정말 내가 죄를 승리하고 있는가?

성령의 능력을 매일 체험함으로 죄와 분리되는 경험이 내게 실제로 이루어지고 있는가?

우리는 지금 대속죄일, 우리 속에 있는 죄가 끊어져 나가야 하는 정결의 시기에 살고 있다.

1. 대속죄일에 나타난 구원의 관계

이상하게 들릴지 모르겠으나, 하나님의 말씀이 가르치는 구원은 항상 조건적이다. "누구든지 저를 믿는 자마다" 영생을 얻게 하려 하신다고 성경은 가르치고 있다. 믿는 일이 선재해야 한다. 마찬가지로 용서도 조건적인 것이다. 성경은 "만일 우리가 우리 죄를 자백하면 저는 미쁘시고 의로

우사 우리 죄를 사하시며 모든 불의에서 우리를 깨끗게 하실 것이요"(요일 1:9)라고 말씀하고 있다. 예수님께서 십자가에서 누구나 다 의롭다 하시고 구원을 베푸신 것이 아니다. 주께서는 십자가 위에서 인생들을 위해 구원을 마련하여 주신 것이다. 용서를 보증하여 주신 것이다. 그것이 실제화 되기 위해 인간 편에서 해야 할 일이 있다. 죄를 진심으로 회개하고 버리는 일이 선재해야 하며, 믿음의 손이 하늘로 뻗쳐 올라가지 아니하면 우리는 하나님의 능력을 우리의 속으로 받아들일 수 없게 된다.

예수님께서 십자가에서 인류의 모든 구원을 다 이루신 것이라고 말하는 것은, 주님을 못 박은 로마 군인들을 속죄제를 드린 제사장들이라고 말하는 것과 똑같은 것이다. 피를 흘리는 일도 중요하지만, 피를 가지고 하나님의 보좌 앞에 나타나 중보하고 심판하는 역할도 구속 사역에 있어서 못지않게 중요한 것이다. 성경은 "우리가 그의 계명을 지키면 이로써 우리가 저를 아는 줄로 알 것이요 저를 아노라 하고 그의 계명을 지키지 아니하는 자는 거짓말하는 자요 진리가 그 속에 있지 아니하되 누구든지 그의 말씀을 지키는 자는 하나님의 사랑이 그 속에서 온전케 되었나니 이로써 우리가 저 안에 있는 줄을 아노라"(요일 2:3-5)고 가르쳐 주고 있다.

하나님의 구속의 은혜는 죄인을 변화시켜 하나님의 뜻대로 살게 한다. 복음은 구원하시는 하나님의 능력이다. 우리를 구원하실 때는 우리에게 하나님의 자녀가 되는 능력을(권세를) 함께 주신다. 이 경험이 하나님을 믿는 자들에게 실제적인지를 살피고 심판하는 것은 그들이 참된 하나님의 자녀가 되었는지를 알아보는 것을 말하는 것이다. 마태복음 22장의 왕이 예복을 심사하는 혼인 잔치의 비유는 우리에게 이것을 쉽게 설명하여 주고 있다. 왕의 혼인 잔치에서는 초청장을 받고 잔치에 참석한 자들에게만 예복을 심사하는 일이 있는 것을 보게 된다. 마찬가지로 그리스도의 피를 의지하여 성소에 들어간 자들만 조사하고 심판하는 일을 경험하게 되는 것이다. 다시 말해서, 믿는다고 하는 자들을 정말로 믿는 것인지를 평가하는 것이다. 그러므로 말세에 조사하고 심판하는 일은 하나님을 믿는다고 공언하는 자들에게만 해당한다. 믿고 거절한 자들은 그들의 불신으로 이미 정죄를 받았기 때문이다.

2. 대속죄일에 행해야 했던 일

이스라엘 백성이 매일 드리는 속죄를 통해 용서를 받아오고 있었으나 그들이 연말 대속죄일에 가서 모든 죄로부터 온전하게 정결케 되라는 요구를 받았는데, 그 이유는 죄를 정말로 회개하여 다시는 악에 빠지는 일이 없는 상태에 들어가야 영원히 살게 되기 때문이었다. 옛날 대속죄일의 경험은 말세에 교회의 영적인 경험과 하나님의 심판의 과정을 상징한 것이다.

A. 스스로 괴롭게 함

레위기 16장 29-34절은 살펴보는 심판을 베푸는 대속죄일에 대하여 다음과 같은 하나님의 규례를 기록하고 있다. "너희는 영원히 이 규례를 지킬지니라 칠월 곧 이달 십일에 너희는 스스로 괴롭게 하고 아무 일도 하지 말되 본토인이든지 너희 안에 우거하는 객이든지 그리하라 이 날에 너희를 위해 속죄하여 정결케 하리니 너희 모든 죄에서 너희가 여호와 앞에 정결하리라 이는 너희에게 큰 안식일인즉 너희는 스스로 괴롭게 할지니 영원히 지킬 규례니라 그 기름 부음을 받고 위임되어 그 아비를 대신해 제사장의 직분을 행하는 제사장은 속죄하되 세마포 옷 곧 성의를 입고 지성소를 위해 속죄하며 회막과 단을 위해 속죄하고 또 제사장들과 백성의 회중을 위해 속죄할지니 이는 너희의 영원히 지킬 규례라 이스라엘 자손의 모든 죄를 위해 일 년 일차 속죄할 것이니라 아론이 여호와께서 모세에게 명하신 대로 행하니라."

대속죄일에 하나님께서 이스라엘 백성에게 명하신 태도는 첫째로 스스로 괴롭게 하는 일과, 두 번째로 모든 일을 중단하고 아무 일도 하지 않는 것이었다.

스스로 괴롭게 하라는 것은 철저한 회개를 말씀하는 것이다. 자기 마음을 살펴 아직 고백하지 않았거나 버리지 아니한 죄가 있는지를 하나님 앞에서 살펴보라는 분부였다. 표상적 의식에서 대제사장이 이스라엘 백성을 위해 속죄의 봉사를 하는 동안 모든 사람은 다 하나님 앞에 죄를 회개하고 겸손한 태도로써 그들의 심령을 괴롭게 해야 했다. 마음을 살피고 죄에 대하여 슬퍼하라는 뜻이다. 그렇게 하지 않는 사람은 백성 중에서 끊어질 것이었다.

이것을 현대 그리스도인들에게 적용해 보자. 오늘날 우리는 대속죄일에 살고 있다. 그와 같이 자기 이름이 생명책에서 지워지기를 원하지 않는 모든 사람은 그들의 은혜의 시기가 얼마 남지 않은, 예수님의 재림이 가까운 오늘날, 죄를 슬퍼하고 진정으로 회개함으로 하나님 앞에서 그들의 심령을 괴롭게 하여야 한다. 우리는 심각하고 철저하게 마음을 살펴야 한다.

그리스도인이라고 공언하는 너무도 많은 사람이 가진 경박한 정신은 반드시 버려져야 한다. 마음의 악한 경향들을 이기려고 하는 모든 사람 앞에는 반드시 격렬한 투쟁이 있다. 준비하는 일은 개인적으로 할 일이다. 우리는 단체적으로 구원을 얻지 않는다. 어떤 사람의 순결과 헌신이 다른 사람의 결함을 보충해 줄 수 없다. 비록 온 인류가 하나님 앞에서 심판을 받을지라도 하나님께서 각 개인의 사건을 조사하시기를 마치 세상에 그 한 사람밖에는 다른 사람이 없는 것처럼 하실 것이다. 모든 사람이 조사를 받되 티나 주름 잡힌 것이나 이런 것들이 없어야 한다. 하나님의 구속하시는 복음의 능력은 한없이 커서, 우리가 죄를 너무나 미워하게 되어 다시는 죄 가운데 살지 않게 해 주실 충분한 힘이 있다.

B. 금식

스스로 괴롭게 하라는 명령에는 금식이 포함되어 있다. 오늘날 우리에게 이 금식은 무엇을 상징하고 있을까? 그것은 하나님께서 주신 건강 법칙을 지키고 생활 습관에 대한 것들을 개혁하라는 것을 의미한다. 건강 법칙은 우리의 몸을 위한 것도 중요한 부분이지만, 그 법칙을 지키면 우리 뇌의 작용과 마음의 상태에 결정적인 영향을 미치기 때문에 중요하다. 건강과 절제의 법칙을 지키지 않는 사람들은 성품 변화의 마지막 단계에서 실패하게 될 것이다.

C. 아무 일도 하지 않는다는 의미

두 번째로, 모든 일을 중단하고 아무 일도 하지 말라는 말씀은 우리에게 어떻게 적용될까? 그것은 우리가 죄짓는 일을 그치라는 것을 의미하고 있다. 모든 죄를 승리하고 더는 죄를 짓지 아니하며 하나님의 참 안식에 들어가라는 것을 의미한다. 히브리서 4장 1-11절은 우리에게 하나님의 안식에 들어가는 일에 대하여 빛을 던져 주고 있다. "그러므로 우리는 두려워할지니 그의 안식에 들어갈 약속이 남아 있을지라도 너희 중에 혹 미치지 못할 자가 있을까 함이라 저희와 같이 우리도 복음 전함을 받은 자이나 그러나 그 들은 바 말씀이 저희에게 유익되지 못한 것은 듣는 자가 믿음을 화합지 아니함이라." 11절에는 "그러므로 우리가 저 안식에 들어가기를 힘쓸지니 이는 누구든지 저 순종치 아니하는 본에 빠지지 않게 하려 함이라"라고 말씀하고 있다.

이 하나님의 안식은 완전한 순종을 통해 죄로부터 온전히 쉬는 경험을 말한다. 3절부터 10절까지는 이 안식의 경험이 여호수아가 이스라엘 백성을 가나안 땅으로 인도한 것을 의미하는 것이 아니라는 사실을 설명하여 주고 있다.

죄를 회개하는 일 그 이상을 하는 백성, 죄를 고백하고 용서받는 일 그 이상을 하는 백성, 곧 죄를 이기고 쓰러지지 아니하기를 배운 백성, 계속 죄의 유혹과 자기 자신과 싸워 승리하기를 배운 백성, 이러한 백성이 하나님의 참 안식에 들어가기를 배운 사람들이며, 하나님의 능력 속에서 참된 안식을 경험하는 백성이다.

갈라디아서 5장 19-21절은 우리가 다시는 반복하지 아니하고 그쳐서 쉬어야 할 육체의 일에 대하여 설명하고 있다. "육체의 일은 현저하니 곧 음행과 더러운 것과 호색과 우상 숭배와 술수와 원수를 맺는 것과 분쟁과 시기와 분 냄과 당 짓는 것과 분리함과 이단과 투기와 술 취함과 방탕함과 또 그와 같은 것들이라 전에 너희에게 경계한 것같이 경계하노니 이러한 일을 하는 자들은 하나님의 나라를 유업으로 받지 못할 것이요." 갈라디아서 5장 4절은 이렇게 말씀하고 있다. "그리스도 예수의 사람들은 육체와 함께 그 정과 욕심을 십자가에 못 박았느니라."

3. 대속죄일 예식의 순서

대속죄일 성소에서 행해지는 예식의 순서는 다음과 같다.

❶ 제사장들이 몸을 씻고 흰 세마포와 거룩한 옷으로 갈아입은 후에,

❷ 수염소 두 마리와, 수양 한 마리 그리고 수송아지 한 마리를 준비하였는데, 수염소 중 한 마리는 주의 염소로서 그리스도를 상징하여 백성의 죄의 도말과 성소 정결을 위해 드려지게 되어 있었고, 다른 한 마리는 사탄을 상징하는 것으로서 그 염소는 모든 이스라엘의 죄를 지고 광야로 쫓겨나가는 아사셀 염소였다. 그리고 수양 한 마리는 아직도 여전히 계속되는 매일 드리는 용서를 위한 제사에 쓰여졌다.

❸ 그런 후 대제사장이 수송아지를 잡아 자기 자신과 자기 권속을 위해 제사를 드리고 그 피를 가지고 향과 함께 지성소로 들어가 그 피를 시은좌의 동편, 곧 그 앞쪽 부분 끝에 뿌리고 또 그 법궤 앞쪽 밑에다 일곱 번 뿌렸다.

❹ 그리고 제사장이 두 염소 중 제비를 뽑아 주님을 위한 염소와 아사셀 염소를 정한 다음에는,

❺ 주님을 위한 염소를 잡아 제사를 드린 후 수송아지에게 한 것처럼 그 염소의 피를 가지고 지성소에 들어가 시은좌 동편과 그 앞에 일곱 번씩 뿌렸다. 그런데 이 제사에는 그 염소의 머리 위에 손을 얹고 이스라엘의 죄를 고백하지를 않았다. 그러므로 이 피는 죄를 짊어지고 있지 않았기 때문에 죄인들의 죄를 용서하는 것이 아니라 회개한 모든 자의 죄

를 영원히 도말하여 지워 버리는 역할을 하는 것이다.

❻ 대제사장은 이 주님을 위한 염소의 피를 지성소로부터 다시 가지고 나오면서 성소의 향단과 뜰의 번제단의 뿔에 그 피를 바르고 각각 그 단 위에 피를 뿌림으로 성소 자체를 정결케 하는 의식을 행하였다. 그것은 주님께서 당신의 피로 성도들의 죄를 도말하심으로 하늘 성소를 더럽혔던 모든 죄의 기록에서 하늘 성소를 정결케 하시는 것을 상징하는 것이다.

❼ 그 다음에는 준비된 아사셀 염소 위에 손을 얹고 회개한 모든 이스라엘 백성의 죄를 그 위에 다 고백하여 전가한 후에 미리 정한 자의 손에 맡겨 광야로 끌어내 간다. 그렇게 함으로 이스라엘의 모든 죄가 드디어 해결되었다.

아사셀 염소와 미리 "정한 자"와의 관계는 참으로 흥미 있는 일로서 결론에 가서 다시 다루기로 하겠다. 대속죄일에 모든 죄로부터 깨끗하게 분리되지 않은 이스라엘 사람은 진 밖으로 끌어내어 돌로 침을 당하였다. 인간들의 모든 죄의 책임은 결국 사탄이 지게 되어 있다. 그러나 그 죄로부터 자기를 철저하게 정결케 하여 분리시키지 아니하고 죄와 계속 붙어 있는 자들은 사탄과 그 악한 천사들을 위해 마련된 불 속에서 멸망하게 되는 것이다.

그러므로 하늘에서 살펴보는 심판이 진행되는 동안, 회개한 신자들의 죄가 성소에서 도말 되는 동안, 세상에 있는 하나님의 백성 사이에는 정결케 하고 죄를 버리는 특별한 일이 이루어져야 한다. 이 일이 완성될 때에, 그리스도를 따르는 사람들은 그분의 재림을 위한 준비를 하게 될 것이다. 지성소에 들어간 대제사장을 기다리며 성소를 향하여 서서 엄숙하게 자기의 영혼을 살피던 이스라엘 백성처럼 우리도 하늘 성소를 향하여 우리 마음들을 살펴야 하는 시기에 살고 있다. 대속죄일을 통과한 자들만이 장막절에 참여하여 즐길 수가 있게 되었던 것처럼, 모든 죄를 용서함 받고 예수 그리스도의 성품을 온전히 이루어 모든 불의로부터 정결함을 받은 자들만이 인침을 받고 하늘 유리 바닷가에서 벌어질 실제 장막절에 참여하게 될 것이다.

성소와 유대 절기의 모든 상징들은 그 의미와 시기에 있어서 정확하게 성취되어 왔다. 그러므로 대속죄일과 심판과 장막절도 그 의미와 시기에 있어서 정확한 성취를 이루고 있으며, 또한 이룰 것이다. 우리는 믿음으로 시은좌 앞에 서 있는 것이다. 14만 4천은 하나님의 보좌 앞에서 흠이 없는 자들이라고 했다. 어떤 인간 앞에서가 아니다. 하나님 앞에서 흠이 없다고 했다. 과거의 모든 죄악들은 사하여졌으며, 다시는 그러한 죄들을 반복하지 않을 수 있는 거룩한 성품들을 준비한 것이다. 드디어 예복을 입은 신부들이 등장하게 된 것이다.

4. 대속죄일의 마지막 의식

A. 아사셀 염소

모든 믿는 자들의 죄가 고백 되고 진심으로 버려졌고, 대제사장이 그들의 죄를 위한 마지막 중보의 기도가 드려졌으며, 모든 이스라엘 백성의 경우들이 각각 개인적으로 다루어진 다음에도 아직도 여전히 꼭 필요한 한 가지 일이 남아 있는데, 그것이 바로 아사셀 염소를 광야로 내몰아 보내는 일이다. 이 아사셀 염소는 사탄을 상징한다. 사탄은 자기가 지은 모든 죄와 남을 범죄케 만든 모든 책임을 지고 영원한 심판을 받게 되는 것이다.

아사셀 염소는 속죄 사역의 일부가 아니다. 속죄가 끝난 후에 죄에 대한 책임을 지워 심판하는 과정이다. 예수께서 대속해 주셔야 할 부분이 있고, 사탄이 책임져야 할 죄가 있으며, 사람들 자신이 져야 할 책임이 있다. 예를 들어서 한 사람이 자기 아들에게 도둑질하는 일을 가르치고 시켰으면 그 아버지도 그 아들의 죄에 대한 분명한 책임이 있는 것이다. 마찬가지로 인간들이 지은 죄에 대하여 사탄은 분명한 책임이 있는 것이다. 우리가 지나가는 사람의 발을 걸어 넘어뜨렸으면 분명히 그 사람이 넘어지면서 물건을 깨고 부서뜨리는 잘못을 하게 되지만 실상은 그러한 입장을 만든, 다리를 걸어 넘어뜨린 장본인에게 그 책임이 돌아가는 것이다. 그러한 식으로, 상황을 만들어 성도들을 넘어지게 한 무수한 죄의 책임들이 사탄에게 전가되어야 한다.

용서받은 의인들의 죄는 대신 형벌을 당하신 주님의 보배로우신 피로 도말 받았다. 그러나 사탄의 책임은 아직 해결되지 않은 것이다. 그러므로 모든 죄의 근원과 그 지은 죄악들의 책임을 사탄에게 전가하는 일이 수반되어야 죄의 문제를 없애는 대속죄일의 의식이 그 끝을 맺을 수가 있다. 그리고 아사셀 염소에게 모든 죄를 전가하고 광야로 보낸 다음에 사탄(죄)과 아직도 관계를 맺고 있는 사람들을 심판하는 순서가 따르게 되는 것이다. 그러므로 진정한 구속은 죄의 문제가 완전히 해결되어야 성취된다. 여러분의 죄는 지금 어디에 있는가? 예수께서 지시하신 대로 하늘 성소로 올려 보내졌는가? 아니면 여러분 자신들이 여전히 가지고 있는가? 실로 중요한 질문이 아닐 수 없다.

B. 정한 자

그런데 아사셀 염소를 광야로 보내어 심판하는 과정에서 우리는 미리 정한 자가 필요한 사실을 레위기 16장에서 발견하게 된다. 이 "정한 자"는 영어로 "Fitman"이라고 부르는데, 유대 역사에 의하면 대제사장이 이 정한 자를 일 년 전부터 미리 정해 놓았다는 것이다. 그러면 그는 일 년 내내 그가 이루어야 하는 임무를 명상하면서 마음과 몸을 준비한다. 이 "정한 자"라는 뜻은 정결케 된 자가 아니라 지정된 자, 지목하여 준비된 자라는 뜻이다. 그는 대속죄일이 끝나려는 마지막 찰나에 모든 이스라엘 백성이 엄숙하게 지켜보는 가운데서 아사셀 염소를 끌고 무인지경의 광야로 몰고 나가게 된다. 그런데 만일 정한 자가 그 염소를 놓치게 되면 온 이스라엘이 멸망하게 되는 상징이 되기 때문에 이 정한 자의 역할은 매우 중요한 것이었다.

염소 둘이 끌려왔다가 한 마리는 죽었기 때문에, 살아 있는 이 아사셀 염소는 자기의 운명을 알아차리고 도망하려고 안간힘을 다한다. 그때 그 염소를 끌고 나가는 이 정한 자는 바로 사탄을 1,000년기의 황폐한 곳으로 내몰고 나가는 14만 4천을 상징하는 것이다. 이것은 죄의 도말을 받고, 살아서 승천할 성품을 이루었으며, 중보자 없이 야곱의 환난을 통과한 살아 있는 의인들이, 그들을 범죄케 하여 승리해 보려고 최후의 발악을 하는 사탄을 대항하여 마지막 전쟁을 벌이는 것을 의미한다.

중보자가 없는 시기에 산다는 뜻은 더는 용서의 은혜가 없는 시기, 즉 인류를 위한 은혜의 시기가 다 끝나고 대제사장의 중보 기도가 없게 된 시간을 말한다. 인침이 끝나고, 모든 사람의 운명이 결정지어진 이후에 복음의 능력으로 준비된 성품을 가진 성도들, 하나님의 계명과 말씀대로만 사는 성도들이 더는 죄의 파워에 지배됨 없이 죄 없는 생활을 사는 짧은 시기를 말한다. 그 시기는 짐승의 표를 받은 자들에게 칠 재앙의 심판이 떨어지는 시기이다. 그때에 분노한 사탄은 마치 과거에 자기가 에서를 충동해 야곱을 향하여 군대를 진군시킨 것과 같이, 환난의 때에 악한 자들을 선동하여 하나님의 백성을 죽이려고 할 것이다. 그가 야곱을 비난했던 것과 똑같이 그는 하나님의 백성을 참소하는 일에 전력을 다하며, 세상을 자기의 것이라고 주장할 것이다.

그러나 하나님의 계명을 지키는 적은 무리는 사탄의 최상권을 거부할 것이다. 만일 사탄이 그들을 세상에서 제거해 버릴 수만 있으면 그의 승리는 완성될 것이다. 사탄은 거룩한 천사들이 그들을 보호하는 것을 알며, 그들의 죄가 용서된 것도 짐작한다. 그러나 그는 그들의 문제가 하늘의 성소에서 결정된 것을 모른다. 사탄은 그들을 유혹하여 범죄케 한 죄를 정확하게 기억하고 있으므로 그 죄를 하나님 앞에 가장 크게 과장하여 제시하고, 자기 자신이 하나님의 은총을 받지 못하도록 제거된 것처럼 그들도 똑같이 제거되어야 마땅하다고 주장할 것이다. 그리고 주님께서 그들의 죄는 용서해 주시면서 자기와 자기 부하들을 멸망시키는 것이 불공평한 일이 아닐 수 없다고 주장할 것이다.

사탄은 그들이 자기에게 사로잡힌 자들이라고 주장하고 그들을 자신의 손에 넘겨주어 멸망시킬 수 있게 해 달라고 요구할 것이다. 사탄이 하나님의 백성이 범죄한 것에 대하여 비난하기 때문에 하나님께서는 마치 사탄이 욥을 시험해 보도록 잠깐 허용해 주셨던 것처럼 할 수 없이 성도들을 시험하도록 허락하실 수밖에 없다. 그것은 사탄이 잘못되었고 하나님의 백성은 옳고 의롭다는 사실을 증명하기 위한 일이다. 하나님을 의지하는 성도들의 확신과 믿음과 인내의 정신은 격렬하게 시험을 받을 것이다. 그때 그들은 욥과 같은 시련을 받을 것이다. 그러나 14만 4천은 너무나 하나님을 사랑하고 경외하기 때문에 죽으면 죽었지 하나님의 계명을 어길 수가 없게 된 자들이다. 그들은 어떠한 시련들과 유혹에도 굴하지 아니하고 하나님의 능력을 힘입어 하나님의 계명을 온전히 순종할 수 있다는 사실을 온 우주에 증명할 것이며, 사탄의 고소가 틀렸고 하나님께서 의로우시고 공의로우시다는 사실을 증거하면서, 사탄을 천년기의 광야로, 즉 황폐되어 있는 이 지구 위에 천 년 동안 혼자 갇혀 있도록 끌고 나가게 되는 것이다. 그 기간에 악인들은 죽어 땅속에 있으며, 의인들은 하늘에 올라가 천 년 동안 왕 노릇하게 된다.

하나님의 계명과 예수님의 믿음을 지키는 성도들의 인내는 사탄의 고소, 즉 피조물들은 하나님의 계명을 온전히 지킬 수 없다는 사탄의 비난이 얼마나 잘못된 것임을 입증하게 될 것이다.

"성도들의 인내가 여기 있나니 저희는 하나님의 계명과 예수 믿음을 지키는 자니라"(계 14:12). 그러므로 모든 죄를 승리하고 어린 양이 어디로 인도하든지 따라가는 자들, 음녀와 더불어 더럽히지 아니하고 바벨론의 포도주(거짓 오류들)에 취하지 아니한 14만 4천들이 준비되지 않고서는 주님께서 대속죄일을 끝마치실 수가 없다. 이것이 바로 예수 그리스도의 재림이 지체되고 있는 가장 큰 이유이다.

우리는 지금 아직 가지고 있지 못하는 한 가지 경험, 곧 은혜의 시기가 지난 다음에 중보자 없이 서야 하는 성품을 지금 반드시 가져야 한다. 14만 4천들은 개국 이래로 없던 환난의 시기를 지내고, 칠 재앙이 내리는 동안 겪게 될 마지막 환난인 야곱의 환난을 견디어, 하나님의 심판과 형벌이 마지막으로 내릴 때, 하늘에서 더는 중보하고 용서하시는 사역이 없을 때, 하나님 앞에 설 사람들이다. 오늘날 믿음을 조금밖에 활용하지 않은 사람들은 사탄의 기만적 권세와 양심을 억압하는 마지막 짐승의 표 법령에 굴복할 위험이 가장 크다. 비록 그들이 그 시련을 견디어 내게 될지라도 그들은 환난의 때에 준비된 자들보다 더욱 심한 고난과 고통 속에 빠지게 될 것이다. 왜냐하면, 그들은 평소에 하나님을 신뢰하는 습관을 기르지 아니하였기 때문이다. 그들은 그들이 등한히 한 믿음의 교훈을 무서운 절망 가운데서 배워야 할 것이다.

우리는 오늘날 매일의 생활에서 주님의 약속을 체험함으로써 하나님과 친숙해 져야만 한다. 천사들은 열렬하고 진실한 기도들을 기록한다. 우리는 하나님과 나누는 기도를 등한히 하기보다 차라리 이기적인 생활방식을 버려야 한다. 하나님께서 인정하시는 가난과 극기의 경험은 주께서 인정하지 아니하시는 부귀와 명예와 안이함보다 더 낫다. 우리는 기도하는 시간을 가져야 할 것이다. 만일 우리가 세상일에 몰두 당하도록 우리의 마음을 허용하면 하나님께서는, 우리의 우상이 되어 있는 재산과 가옥과 비옥한 토지를 우리에게서 빼앗아 가심으로써 우리에게 기도할 시간을 주실 것이다.

5. 인침의 경험

인침(Sealing)이란 하나님의 소유가 되었다는 표를 주는 것을 말한다. 인침은 단 한 번에 도장을 찍는 것이라기보다는 일련의 과정이다. 우리는 복음과 성경의 진리로 점점 이해가 밝아지고 신앙의 경험이 깊어져

가게 된다. 하나님을 아는 지식에서 자랄 뿐만 아니라 하나님을 사랑하고 그분의 형상을 닮아가는 경험이 성장해 가는 것이다.

우리는 진리의 빛이 점점 더 밝게 다가올 때에 계속해서 진리들을 받아들이면서 성장해 나가야 한다. **"의인의 길은 돋는 햇볕 같아서 점점 빛나서 원만한(완전한) 광명에 이르거니와"**(잠 4:18). 의인들은 진리를 통해 개혁해 나가면서 주님을 더 밝히 알게 되는 경험을 한다. 우리의 진리에 대한 순종과 하나님의 형상을 닮은 모습이 원숙해졌을 때에 하나님께서는 그를 인치신다. 당신의 형상을 새기시는 사역이 끝났기 때문이다.

예수님께서 재림하시기 전에 하나님께서 우리에게 바라시는 표준은 죄를 짓지 않고 살 정도로 하나님을 사랑하게 되는 것이다. 우리의 완벽함을 기대하시는 것이 아니다. 우리는 구원받아 하늘에 올라간 후에도 성장은 영원히 계속될 것이기 때문이다. 예수님처럼 더 친절하고 더 사랑스러우며 더 겸손하여지도록 영원히 성장해 나갈 것이다. 그러나 이 세상에서 우리에게 원하시는 하나님의 표준은 죄를 미워하고 하나님의 계명을 지키는 성품이다. 하나님의 계명을 지킨다는 뜻은 죄를 승리한다는 말이다.

다음의 말씀은 우리에게 이 문제에 대한 확실한 개념을 갖도록 도와준다. **"보라 아버지께서 어떠한 사랑을 우리에게 주사 하나님의 자녀라 일컬음을 얻게 하셨는고 우리가 그러하도다 그러므로 세상이 우리를 알지 못함은 그를 알지 못함이니라 사랑하는 자들아 우리가 지금은 하나님의 자녀라 장래에 어떻게 될 것은 아직 나타나지 아니하였으나 그가 나타내심이 되면 우리가 그와 같을 줄을 아는 것은 그의 계신 그대로 볼 것을 인함이니 주를 향하여 이 소망을 가진 자마다 그의 깨끗하심**

과 같이 자기를 깨끗하게 하느니라 죄를 짓는 자마다 불법을 행하나니 죄는 불법이라 그가 우리 죄를 없이 하려고 나타내신 바 된 것을 너희가 아나니 그에게는 죄가 없느니라 그 안에 거하는 자마다 범죄하지 아니하나니 범죄하는 자마다 그를 보지도 못하였고 그를 알지도 못하였느니라 자녀들아 아무도 너희를 미혹하지 못하게 하라 의를 행하는 자는 그의 의로우심과 같이 의롭고 죄를 짓는 자는 마귀에게 속하나니 사탄은 처음부터 범죄함이니라 하나님의 아들이 나타나신 것은 사탄의 일을 멸하려 하심이니라 하나님께로서 난 자마다 죄를 짓지 아니하나니 이는 하나님의 씨가 그의 속에 거함이요 저도 범죄치 못하는 것은 하나님께로서 났음이라 이러므로 하나님의 자녀들과 사탄의 자녀들이 나타나나니 무릇 의를 행치 아니하는 자나 또는 그 형제를 사랑치 아니하는 자는 하나님께 속하지 아니하니라"(요일 3:1-10).

하나님께서는 우리 마음속에 당신의 형상을 새겨나가고 계신다. 우리가 거듭날 때부터 인침의 경험이 시작된다. 하늘에 들어갈 모든 사람들은 성령의 인침을 받은 자들일 것이다. "그 안에서 너희도 진리의 말씀 곧 너희의 구원의 복음을 듣고 그 안에서 또한 믿어 약속의 성령으로 인치심을 받았으니 이는 우리의 기업에 보증이 되사 그 얻으신 것을 구속하시고 그의 영광을 찬미하게 하려 하심이라" (엡 1:13,14).

그러나 성경은 말세에 사는 자들이 받아야 할 인은 다르다고 말씀하고 있다. 마지막 환난의 바람이 불어 닥치기 전에 하나님의 성도들은 "살아계신 하나님의 인"을 받아야 한다고 말씀하고 있다.

"이 일 후에 내가 네 천사가 땅 네 모퉁이에 선 것을 보니 땅의 사방의 바람을 붙잡아 바람으로 하여금 땅에나 바다에나 각종 나무에 불지 못하게 하더라 또 보매 다른 천사가 살아 계신 하나님의 인을 가지고 해 돋는 데로부터 올라와서 땅과 바다를 해롭게 할 권세를 얻은 네 천사를 향하여 큰 소리로 외쳐 가로되 우리가 우리 하나님의 종들의 이마에 인치기까지 땅이나 바다나 나무나 해하지 말라 하더라 내가 인 맞은 자의 수를 들으니 이스라엘 자손의 각 지파 중에서 인 맞은 자들이 십사만 사천이니"(계 7:1–4).

인은 이마에 받는다. 왜 이마일까? 우리의 두뇌는 전두, 중두, 하두 세 부분으로 나눌 수가 있는데 일반적으로 후두는 우리의 감정과 입맛을 지배하고 중간 머리인 중두는 우리의 기억력들을 담고 있으며, 전두 즉 앞이마는 우리의 판단력, 이성, 의지, 개성, 성품들을 담고 있다. 그러므로 이마에 인침을 받는다는 것은 우리의 사상과 성품 속에 진리로 말미암은 하나님의 형상이 아로새겨져 있다는 뜻이다. 우리가 어떠한 인격과 신앙의 경험을 하고 있는가는 우리의 앞이마에서 판가름이 난다. 다음의 에스겔서 9장의 말씀은 우리에게 이 사실을 알게 해 준다.

"그가 또 큰 소리로 내 귀에 외쳐 가라사대 이 성읍을 관할하는 자들로 각기 살륙하는 기계를 손에 들고 나아오게 하라 하시더라 내가 본즉 여섯 사람이 북향한 윗문 길로 좇아오는데 각 사람의 손에 살륙하는 기계를 잡았고 그 중에 한 사람은 가는 베옷을 입고 허리에 서기관의 먹 그릇을 찼더라 그들이 들어와서 놋 제단 곁에 서더라 그룹에 머물러 있던 이스라엘 하나님의 영광이 올라 성전 문지방에 이르더니 여호와께서 그 가는 베옷을 입고 서기관의 먹 그릇을 찬 사람을 불러 이르시되 너는 예루살렘 성읍 중에 순행하여 그 가운데서 행하는 모든 가증한 일로 인하여 탄식하며 우는 자의 이마에 표하라 하시고 나의 듣는데 또 그 남은 자에게 이르시되 너희는 그 뒤를 좇아 성읍 중에 순행하며 아껴 보지도 말며 긍휼을 베풀지도 말고 쳐서 늙은 자와 젊은 자와 처녀와 어린아이와 부녀를 다 죽이되 이마에 표 있는 자에게는 가까이 말라 내 성소에서 시작할지니라 하시매 그들이 성전 앞에 있는 늙은 자들로부터 시작하더라 그가 또 그들에게 이르시되 너희는 성전을 더럽혀 시체로 모든 뜰에 채우라 너희는 나가라 하시매 그들이 나가서 성읍 중에서 치더라 그들이 칠 때에 내가 홀로 있는지라 엎드리어 부르짖어 가로되 오호라 주 여호와여 예루살렘을 향하여 분노를 쏟으시오니 이스라엘 남은 자를 모두 멸하려 하시나이까 그가 내게 이르시되 이스라엘과 유다 족속의 죄악이 심히 중하여 그 땅에 피가 가득하며 그 성읍에 불법이 찼나니 이는 그들이 이르기를 여호와께서 이 땅을 버리셨으며 보지 아니하신다 함이라 그러므로 내가 그들을 아껴 보지 아니하며 긍휼을 베풀지 아니하고 그 행위대로 그 머리에 갚으리라 하시더라 가는 베옷을 입고 허리에 먹 그릇을 찬 사람이 복명하여 가로되 주께서 내게 명하신 대로 내가 준행하였나이다 하더라"(겔 9:1–11).

사도 바울도 같은 의미에서 인침을 설명하고 있다. 인침이란 죄와 부정함에서 떠나 하나님의 말씀대로 사는 성품을 말한다는 것이다. "그러나 하나님의 견고한 터는 섰으니 인침이 있어 일렀으되 주께서 자기 백성을 아신다 하며 또 주의 이름을 부르는 자마다 불의에서 떠날지어다 하였느니라"(딤후 2:19).

다시 강조하지만, 마지막 환난의 바람이 불어 닥치기 전에 하나님의 참 백성, 여자의 남은 자손들이 준비되는데, 그들은 "하나님의 계명과 예수 믿음을 지키는 자"(계 14:12)들이다. 마지막 시대의 하나님의 교회인 여자의 남은 자손들의 특징을 성경은 이렇게 말씀하고 있다. **"용이 여자에게 분노하여 돌아가서 그 여자의 남은 자손 곧 하나님의 계명을 지키며 예수의 증거를 가진 자들로 더불어 싸우려고 바다 모래 위에 섰더라"**(계 12:17).

이러한 사람들이 짐승의 표 환난을 통과하면서 이마에 받는 마지막 인을 "살아 계신 하나님의 인"이라고 부르는 것이다. 그것은 개국 이래로 없던 환난과 핍박을 당하면서도 그들의 충성스러운 믿음을 지키고 욥처럼 인내하는 성품을 소유한 자들의 이마에 쳐지는 특별한 인이다. 어떠한 입장에서도 그들은 하나님의 명령과 언약을 저버리지 않는다. 그들은 온 마음과 뜻과 목숨과 힘을 다하여 하나님을 먼저 사랑하는 자들이다. 예수님의 믿음이란 예수께서 이 땅에 사실 때에 가지고 사셨던 그 믿음을 말한다. 절망의 순간에서도 아버지의 뜻대로만 사셨던 그 믿음 말이다. 예수님께서 가르치신 바로 그 믿음이 예수님의 믿음이다. 이 믿음을 소유한 자들만이 하나님의 계명을 지키는 성품을 가지게 될 것이다.

짐승의 표 환난은 하나님의 계명에 대한 전쟁이다. 다니엘 3장에 기록된 환난, 두라 평지에 세워진 우상에게 경배하라는 명령으로 생겨난 환난은 둘째 계명인 우상 숭배에 대한 것이 이슈였다. 마찬가지로 마지막 시대에 짐승의 우상에게 경배하도록 강요하는 짐승의 표 환난도 하나님의 계명에 대한 전쟁이 될 것이다. 짐승의 권위를 인정해 주는 형식의 예배인가 아니면 창조주 하나님을 경배하는 예배인가에 대한 이슈가 될 것이다. 누구의 말에 순종하고 따를 것인가에 대한 이슈가 될 것이다.

이러한 마지막 투쟁에서 하나님의 참 백성의 이마에 쳐질 인이 "살아 계신 하나님의 인"이다. 두라 평지에도 하나님을 믿는다고 공언하는 많은 유대인이 있었다. 그러나 그들 중에 세 명만이 하나님의 말씀과 명령대로 사는 일에 자기들의 목숨을 걸었다. 누가 과연 이 마지막 짐승의 표 환난에서 하나님의 편에 설 것인가?

6. 성소 정결 사역

레위기 16장의 대속죄일에 대한 설명에서 하나님께서는 그날에 이스라엘 백성을 그들의 모든 죄로부터 정결케 할 것이라고 말씀하셨다. 그러나 그들의 죄를 정결케 하실 뿐만 아이라, 그들의 죄로 말미암아 더럽혀진 성소 그 자체도 정결케 하실 것이라고 말씀하신 사실을 알게 된다.

지상 성소는 예수님 사역의 국면들을 가르쳐 주는 실물 교훈이며, 주님을 따라가는 믿는 자들이 가져야 할 신앙의 경험들을 단계적으로 설명해 주는 패턴이다.

우리가 범죄할 때 우리 죄악의 기록들이 하늘 죄의 책에 기록된다. 그 이유는 하나님께서 우리의 죄를 용서하실 때 우리가 그 죄를 진정으로 회개하고 포기하였으며, 그래서 그 죄의 문제를 양심 속에서 해결하였다는 사실을 증명해 보이시기 위함이다. 만일 우리가 같은 죄를 계속해서 범해 간다면, 하늘 천사들은 우리의 죄들을 책에 썼다가 지웠다가 썼다가 지웠다가 하는 일을 반복해야 할 것이다. 범죄할 때는 기록하고 회개할 때는 지우는 일이 그칠 날이 없게 된다는 말이다. 그러므로 하나님께서는 그 죄를 범하는 일이 죄인의 생애에서 그치게 될 때에 그 죄의 기록들을 기록책에서 영원히 지워 없애 버리시는 것이다. 이것을 죄의 도말이라고 부른다. 이 죄의 도말은 그 죄인의 마음속에서 죄의 문제가 먼저 해결되는 일이 선재 되어야 하며, 그때에 우리는 그 죄들을 다시는 기억하지 않게 되는 은혜를 받게 되는 것이다. 그래서 레위기 16장은 이스라엘의 죄로 말미암아 더럽혀진 성소 자체를 정결케 하시는 일이 대속죄일에 포함된다고 말씀한다.

죄인이 양을 끌고 가서 죽이고 피를 흘린 그 피 속에는 죄인이 고백한 죄를 담고 있는 것으로 상징되었다. 그 양의 흘린 피를 가지고 제사장이 성소 안으로 들어가 휘장 앞바닥에 일곱 번씩 뿌린 후에 죄인을 위해 기도할 때에 속죄가 이루어진다고 성경은 말씀한다. 그것은 우리가 고백한 죄악들이 하늘 성소로 올라가서 기록책에 보관되고, 십자가에 돌아가시고 부활 승천하신 대제사장이신 예수께서 그 죄들을 위해 중보 기도를 아버지께 올릴 때에 속죄가 이루어지는 것으로 성소 제도는 상징하고 있다. 그러므로 상징적으로 하늘 성소는 우리의 죄들 때문에 더럽혀져 있는 것이다. **"그가 내게 이르되 이천삼백 주야까지니 그때에 성소가 정결하게 함을 입으리라 하였느니라"**(단 8:14).

우리는 지성소 시대에 살고 있다. 죽은 자들과 산 자들의 모든 죄들을 점검하여 보는 심판의 시대에 사는 것이다. 죄의 도말 시대에 살고 있다는 말이다. 그러므로 대속죄일을 맞이한 고대 이스라엘 백성이 성소 주위에 모여와 자기 속마음들을 깊이 살피면서, 정말로 자기가 철저하게 죄를 회개하였으며 버렸는지에 대하여 자신을 살피는 일을 행한 것처럼, 우리도 역사적으로 그러한 시기에 살고 있다. 지금은 죄를 회개할 뿐만 아니라, 버리고 정결함을 입어야 할 시간이다. 이 얼마나 엄숙한 이야기인가! 그렇게 죄로부터 정결케 된 자들의 죄가 기록책에서 도말 되고, 더 나아가서는 그 결과로 하늘 성소가 정결케 되는 것이다.

7장

죄의 도말

한번은 집회를 끝내자마자 한 교우가 내게 가까이 다가오더니, 자기는 교인이 된 지 얼마 되지 않았다는 소개와 함께 불쑥 이렇게 질문하는 것이었다. "목사님, 죄의 용서와 죄의 도말과 무슨 차이가 있나요? 만약에 차이가 있다면 죄가 도말 될 때에 무슨 일이 생기는 건가요?" 큰 흥미를 가지고 한두 시간 같이 공부를 하고 난 뒤에 그의 눈은 더욱더 밝아지면서 "이렇게 중요하고도 특별한 진리를 왜 교회에서 자세하게 가르치지 않는지 모르겠네요!"라고 내게 훈시 아닌 훈시를 해 주었다.

그 후부터 나는 일반교인들이 죄의 도말에 대한 이해를 도대체 어느 정도나 가졌는지에 대해 신경을 쓰게 되었고, 준비하는 설교의 내용 속에 가끔 첨가하여 넣을 정도로 관심을 두게 되었다. 그런데 문제는, 교인들을 많이 만나면서, 오랫동안 믿은 고참 교인들에게 물어 보아도 죄의 도말이 교리적으로, 더 나아가서는 실제 경험적으로 무엇을 의미하는지 확실한 대답이나 이해를 가진 사람들이 별로 많지 않다는 사실을 알게 되었다. 죄 도말의 문제는 대속죄일과 직결되는 일이요, 마지막 세대의 남은 백성이 생명책에 기록되기 위해 반드시 가져야 하는 경험이다. 그것은 또한 죽음을 맛보지 않고 살아서 승천할 그리스도인들이라면 반드시 누리게 될 놀라운 하나님의 은혜이다.

물론, 죄의 도말에 대하여 잘 몰라도 구원을 얻는 일에는 별로 상관이 없는 일이라고 말할지는 모르나, 우리의 죄가 어떻게 도말 되는 것인가 하는 지식의 문제보다는, 오히려 죄가 도말 되려면 어떠한 그리스도인이 되어야 하는가 하는 중대한 문제를 내포하고 있기 때문에 이것의 중요성이 더해가는 것이다. 아울러 하나님께서 마지막 세대를 위해 예비하신, 더 나아가 모든 구원 얻은 성도들을 위해서 마련하신 놀라운 구속의 마지막 경험에 대하여 알고 연구하는 것은 우리에게 여간 큰 기쁨과 즐거움을 주는 것이 아니다. 자 그러면 이제 성경을 펴서 "죄의 용서"와 "죄의 도말"의 차이를 공부해 보도록 하자.

성경은 죄의 도말에 관한 다음과 같은 하나님의 약속을 기록하고 있다. **"나 곧 나는 나를 위하여 네 허물을 도말하는 자니 네 죄를 기억지 아니하리라"**(사 43:25). 다윗은 자기의 죄를 회개할 때 다음과 같이 기도하였다. **"하나님이여 주의 인자를 좇아 나를 긍휼히 여기시며 주의 많은 자비를 좇아 내 죄과를 도말하소서 나의 죄악을 말갛게 씻기시며 나의 죄를 깨끗이 제하소서 … 주의 얼굴을 내 죄에서 돌이키시고 내 모든 죄악을 도말하소서"**(시 51:1,2,9).

죄의 도말이란 말은 우리가 흔히 두 가지의 의미에서 사용하고 있는데, 그 한 가지는 일반적인 죄의 용서에서 하나님께서 우리의 죄를 마치 우리가 그러한 죄를 전혀 짓지 아니한 것처럼 잊어버리시고 깨끗이 씻으시는 의미에서 사용하는 경우가 있고, 두 번째는 좀더 구체적인 구속의 단계에서 마지막 최종적인 구원의 역사로서, 하나님께서 우리의 죄악들을 죄의 기록책에서 지우시면서 우리의 마음속에서도 특별한 역사를 이루시는 것을 뜻하는 단어로 사용하고 있다.

그러면 먼저 죄의 용서와 죄 도말의 차이를 잠깐 설명하고, 두 번째로는 죄의 도말이란 언제 일어나는 일인지, 죄의 도말이란 과연 어떠한 과정을 말하는 것이며, 죄가 도말될 때에 우리에게 구체적으로 어떠한 일이 일어나게 되는지를 살펴보도록 하자.

1. 죄의 용서와 도말의 차이

"죄의 용서"와 "죄의 도말"은 엄연히 다른 것이다. 죄의 용서는 매일 드리는 제사라고 할 수 있으며, 죄의 도말은 매년 드리는 제사라고 할 수 있는데, 죄의 용서는 일 년 내내 성소의 봉사에서 매일 반복되는 일이며, 죄의 도말은 대속죄일에 한 번 단행하는 최종적인 죄의 용서를 말하는 것이다.

그것을 실제적인 우리의 경험에서 살펴보면, 죄의 용서란 우리가 평상시에 짓는 죄를 회개할 때에 하나님께서 미쁘시고 의로우사 우리 죄를 사하시고 우리의 이름 밑에 "용서받았음."이라고 기록해 두시는 것을 말한다. 다시 말해서, 하나님께서는 심사하는 심판을 거쳐서 우리의 진실함과 계명을 지키는 성품이 드러나기까지는 우리 죄의 기록을 아직 완전히 지우지는 않고 기록책에 남겨두시되, 우리의 진실한 회개를 보시고 그때그때마다 지은 그 죄 자체를 계속 용서해 가시는 것을 매일의 용서라고 말한다. 매일의 용서도 분명한 용서이다. 그러나 그 죄인의 속마음이 아직 인쳐지기까지 확정된 것은 아니다.

우리가 받은 죄의 용서는 우리의 마음과 태도를 죄를 회개했던 때와 똑같이 유지하여, 심판 날에 설 때에도 변함이 없을 때에 확정 지어지는 것이다. 우리가 변함없이 죄를 용서받고 싶은 똑같은 진실한 마음과 동기가 있으면 결국 우리가 받아 온 그 용서들은 영원히 우리의 것이 되는 것이다. 하나님께서는 신실하시지만, 우리 인간 편에 문제가 있으므로 마음이 변하여 다시 회개하기 이전으로 돌아가서 하나님을 거역하고 멸망의 길을 택할 수가 있기 때문에 하나님께서는 우리 죄의 완전한 도말, 다시 말해서 기록책에서 우리의 죄를 영원히 삭제해 버리시는 일을 최종 조사 심판 날인 대속죄일까지 미루시는 것이다. 그래서 유대인들은 대속죄일을 "인침 받는 날" 또는 "심판의 날" 또는 "죄가 도말 되는 날"이라고 불렀다.

진심으로 죄를 회개하고 믿음으로 그리스도의 피를 그들의 속죄 제물로 주장한 사람들에게는 하늘 책에 기록된 저들의 이름 아래 용서받았다는 말이 기록된다. 그들이 그리스도의 의에 참여하는 자가 되고 그들의 성품이 하나님의 율법과 조화된다는 것이 나타날 때, 그들의 죄는 도말 되고 그들 자신이 영원한 생명을 받기에 합당한 사람들이 될 것이다.

살펴보는 심판과 죄의 도말은 주님의 재림보다 먼저 이루어져야 한다. 죽은 자들은 책들에 기록된 대로 심판을 받아야 하므로 그들의 사건이 심리되어 살피는 심판이 마치기 전에는 그들의 죄가 도말 될 수 없다. 사도 베드로는 **"그런즉 너희는 회개하고 회심하라. 그리하면 새롭게 하는 때들이 주님의 앞으로부터 이를 때에 너희 죄들이 말소될 것이요. 또 그분께서 예수 그리스도를 보내시리니 곧 너희에게 미리 선포되신 분이시니라"**(KJV 사도행전 3:19,20)라고 말함으로 예수님께서 다시 오시기 전에, 믿는 사람들의 죄가 도말 될 것이라고 분명히 말씀하고 있다. 이 대속죄일의 심판이 마치면 그리스도께서 오실 것이다. 주님께서 죄인들을 용서해 주기 위해서 오시는 것이 아니라 모든 사람을 그들의 행위대로 갚아주기 위해 오시는 것이다.

2. 죄의 도말은 언제 이루어지는가?

이제는 우리가 두 번째의 질문으로 들어갈 준비가 된 것 같다. 그러면 우리의 죄가 언제 도말 되는가? 어떤 사람들은 우리가 죄를 회개하고 주님께 고백할 때에 즉시로 우리의 죄가 도말 된다고 믿는 사람들이 있고, 어떤 이들은 우리가 죄를 다 자복하고 버린 후에 성령께서 하나씩 하나씩 모르던 죄를 보여 주실 때 우리가 그 죄들을 하나씩 하나씩 승리해 나아갈 때에 죄가 순서대로 도말 되어 나가는 것이라고 믿는 사람들도 있다. 그러나 이러한 견해들은 다 성경적이 아니다. 조금 전에 살펴본 것처럼 죄의 도말은 마지막에 가서 심판 후 한 번에 단행되며 그때 죄의 기록이 삭제된다.

오순절에 성령의 능력으로 설교한 사도 베드로는 다음과 같이 죄의 도말의 때를 설명해 주고 있다. **"그러므로 너희가 회개하고 돌이켜 너희 죄 없이 함(영어로는 죄의 도말-Blotting Out, 필자 주)을 받으라 이같이 하면 유쾌하게(새롭게) 되는 날이 주 앞으로부터 이를 것이요 또 주께서 너희를 위해 예정하신 그리스도 곧 예수를 보내시리니"**(행 3:19,20). 베드로의 설명은 우리가 회개하고 거듭나서 악에서 떠나면 죄 도말의 경험이 우리에게 이르러 온다는 조건을 말하면서, 그 시기는 주 앞으로부터 이르러 오는 새롭게 되는 때들에 일어날 것이라고 설명한다. 그렇다면 주 앞으로부터 이르러 오는 새롭게 되는 때들은 언제인가?

마지막 시대에 위대한 복음의 사역을 통해 익은 열매들이 추수될 것인데, 그 성령의 역사를 늦은 비 성령의 역사라고 부른다(계 18:1 참조). 오순절에 예수님의 제자들에게 이른 비 성령이 내림으로 복음의 씨앗이 뿌려졌던 것처럼, 마지막 시대에도 늦은 비 성령이 크게 임함으로 추수 사역이 일어나게 될 것이다. 농사에 있어서 씨앗을 뿌리고 발아할 때에는 이른 비가 내리고 추수 때에는 늦은 비가 필요한 것처럼 말이다. 그때, 사도 베드로가 기대했던 "유쾌하게 되는 날"이 이를 것이다. 유쾌한 날을 영어로는 "The Times of Refreshing"이라고 번역하였는데, 그것은 작물이 열매를 맺어 추수되는 시기, 농부들이 기뻐하는 시기를 말한다. 예수님의 부활 승천 이후 복음의 씨앗이 뿌려지는 시기에는 이른 비로써 오순절 성령의 역사가 있었던 것처럼, 말세에는 주 앞으로부터 이르러 오는 유쾌하게 되는 날, 즉 마지막 복음의 열매를 추수하는 늦은 비 성령의 역사가 일어날 것이라는 말씀이다.

행 3:19 그런즉 너희는 회개하고 회심하라. 그리하면 새롭게 하는 때들이 주님의 앞으로부터 이를 때에 너희 죄들이 말소될 것이요,(Repent ye therefore, and be converted, that your sins may be blotted out, when the times of refreshing shall come from the presence of the Lord.)

"유쾌하게 되는 날"을 영어로 번역한 "The Times of Refreshing"의 또 다른 의미는, "다시 새롭게 되는 때"로서, 우리가 죄의 도말을 받아 한번도 죄를 지은 적이 없는 것처럼 다시 온전하게 회복된 기능과 용량을 가지고 하나님을 제대로 경배하며, 구원의 즐거움을 제대로 즐길 수 있는 상태로 다시 새롭게 되돌아간다는 뜻을 내포한다.

3. 죄 도말의 과정

그러면 끝으로 죄 도말의 과정이 무엇이며 우리에게 실제로 어떠한 일이 일어나게 되는지를 살펴보자. 죄를 도말하는 것은 죄의 기록을 말끔

하게 지워서 없애 버리는 것을 의미하는데, 하나님께서는 아무것도 잊어 버리실 수가 없는 분이시지만 우리의 모든 죄를 잊어버리시기로 선택하시는 것이다.

하나님께서 하늘의 죄의 책에서 우리 죄의 기록들을 지워버리실 때에는 우리 마음과 두뇌 속에서도 죄의 기억을 함께 지우셔야 한다. 하늘의 기록을 지울 때에 이 땅에 있는 장본인의 협력과 동의가 없이 하나님께서 일방적으로 지워 버리실 수는 없는 것이다. 다시 말하자면 죄인 장본인이 그 죄를 진실로 회개함과 또한 그 죄를 미워하여 다시는 그러한 죄를 짓고 싶지 않은 마음이 생기고, 더 나아가서는 그 죄를 다시는 반복하지 않을 성품이 준비되어야 하는 것이다.

그들이 하나님을 너무나 사랑하게 되므로 차라리 죽으면 죽었지 하나님의 계명을 범하거나 죄를 범하지 않겠다는 성품이 준비된 상태를 보실 때에 하나님께서는 그에 대한 심판을 끝내시고 그의 모든 죄를 책에서 도말해 버리시는 것이다. 그 사람에게서 복음의 목적이 이루어졌기 때문이다. 하늘 기록에서 죄를 지워 버리시는 동시에 하나님께서는 우리의 두뇌 속에서도 죄의 기록들을 다 지우시게 되는데 그리하여 더는 우리가 지은 죄들에 대하여 기억하지 않게 되는 것이다. 그러므로 우리는 유쾌하게 되는 날을 경험하게 된다. 우리가 지은 죄를 회개하면 용서받기는 하나 여전히 과거에 지은 죄에 대한 기억들 때문에 우리의 영혼 속에는 상처가 남아 있을 것이며 또한 우리가 타락한 통로가 되었었다는 죄의 기억들 때문에 구원을 충만하게 즐기지 못할 것이므로 이 죄의 도말은 필요한 것이다. 또 순수한 기억 속에서 하나님을 티 없이 섬길 수 있기 위해 우리의 기억 장치 속에서 죄의 기억을 지우시는 일이 필요한 것이다.

우리가 일평생 동안 보고 듣고 만진 모든 기억이 우리의 두뇌에 저장되어 있다. 이러한 기억들이 너무나 자주 우리를 괴롭힌다. 하나님께서 인간의 두뇌 가운데서 어떤 특정한 부분만을 기억 속에서 지워 버리셨던 하나의 역사를 성경에서 찾아볼 수가 있는데 그것은 다름 아닌 바벨탑의 역사이다. 하나님을 반역하여 바벨탑을 쌓고 있던 사람들에게 하나님께서는 그들의 반역과 죄가 급속하게 세상에 퍼지는 것을 막기 위해 그들의 언어를 혼잡하게 하셨다. 갑자기 그들이 언어 소통에 문제가 생긴 것이다. 어떻게 그러한 일이 생길 수가 있었을까? 하나님께서 그들의 두뇌 속에서 지금까지 그들이 사용하던 언어의 기억력을 지워 버리시고, 그 대신 다른 언어들의 프로그램을 넣어 주신 것이다. 그러나 그들의 다른 면의 기억들과 그들의 개성 내지는 성품에 관한 기억들은 그대로 놓아두고 건드리지 않으셨다. 그러한 사실로 보아서 우리는 하나님께서 우리의 머릿속에서 역사 하시는 창조의 능력을 실감할 수가 있게 된다.

그리스도께서 승천하신 후, 하늘 성소에 들어가셔서 회개한 신도들을 위해 당신의 피를 가지고 호소하시려 하나님 앞에 나타나신 것처럼, 지상 성소의 제사장들은 표상적으로 매일의 사역에서 죄인들을 위해 희생의 피를 성소에 뿌렸다. 그리스도의 피는 회개한 죄인을 율법의 정죄에서 풀어 주게 되어 있었지만 죄를 도말하기로 되어 있는 것은 아니었다. 죄의 기록은 최후의 속죄까지 성소의 기록에 남아 있었다. 하늘 성소의 모형인 지상 성소에 있어서도 속죄의 피는 회개한 사람에게서 죄를 제거하였으나 그 죄의 기록은 표상적으로 희생 제물의 피에 섞이어 대속죄일까지 성소에 남아 있었다. 죄인이 그 죄악들을 버리고 온전히 회개하였는지를 검증하여 지워 버릴 때까지 죄의 기록이 보관되는 것이다. 계시록에도 죄

후에 죽은 사람들이 “자기 행위를 따라 책들에 기록된 대로 심판을 받”을 것이라고 말씀 되어 있다(계 20:12). 대속죄일을 지나면서 그리스도의 속죄하는 피의 공로로 회개하고 죄를 포기한 모든 사람의 죄가 하늘의 기록책에서 제거된다. 이렇게 하여 성소 자체가 죄의 기록에서 해방 혹은 정결해지는 것이다.

이 속죄의 큰 사역, 곧 죄를 도말하는 일이 하늘 성소의 모형인 지상 성소에서 매년 행해지는 대속죄일의 의식들로 상징되어 있었다. 상징에서 죄가 회중으로부터 영원히 분리되어 광야로 옮겨진 것처럼, 최후의 속죄에서도 진심으로 회개한 사람의 죄가 하늘의 기록에서 제거되고 다시 기억되거나 마음에 떠오르지 않게 될 것이다. 그들의 죄들은 망각의 세계로 날아가 버리게 될 것이고 그들은 그것들을 다시 기억해 낼 수가 없을 것이다.

죽은 의인들은 죽어 있는 동안에 땅 밑에서 죄의 도말의 경험을 하게 되는 것이요, 주께서 오실 때에 살아서 승천할 성도들은 죄의 도말의 경험을 생존하고 있는 동안에 경험하게 될 것이다. 얼마나 놀라운 약속인가!

우리는 이 땅에 사는 동안 그리스도의 속죄의 피를 믿는 믿음을 통해 죄와 분리되어야 한다. 우리의 귀하신 구주께서는 우리 자신을 당신께 연합시키기를 초청하시되 우리의 연약함을 당신의 능력에, 우리의 무지를 당신의 지혜에, 우리의 무가치함을 당신의 공로에 연합시키기를 간청하신다.

하늘에서 대속죄일의 심판이 진행되고 있는 동안, 회개한 신자들의 죄가 성소에서 도말 되고 있는 동안, 세상에 있는 하나님의 백성 사이에는 정결케 하고 죄를 버리는 특별한 일이 이루어져야 한다. 이 일이 완성될 때에, 주님을 따르는 사람들이 그분의 재림을 위한 준비를 하게 되는 것이다.

8장

마지막 세대

마지막 세대! 듣기만 해도 우리 마음을 고동치게 하는 단어가 아닐 수 없다. 거기에는 몇 가지 이유를 들 수 있는데, 첫째로는 만물의 마지막이 가까이 왔으니 정신을 차리고 근신해야 한다는(벧전 4:7) 말씀이 드디어 오늘날 우리에게 해당된다는 감격에서 그러하며, 둘째로는 이전 어느 세대에도 하지 못한 특별한 사명을 우리 세대, 즉 이 마지막 세대가 감당해야 한다는 사실 앞에서 갖게 되는 엄숙한 사명감이라 할 수 있을 것이다. **"이 사람들이 다 믿음으로 말미암아 증거를 받았으나 약속을 받지 못하였으니 이는 하나님이 우리를 위해 더 좋은 것을 예비하셨은즉 우리가 아니면 저희로 온전함을 이루지 못하게 하려 하심이니라"**(히 11:39,40).

(1) 14만 4천이 마지막 세대인 이유

성경은 마지막 세대의 특징에 대하여 언급하고 있다. 요한계시록 7장은 하나님께서 14만 4천이 인침을 받기까지 사방 바람을 붙잡으라고 명하고 계시는 장면을 묘사해 주고 있는데, 이 사방 바람을 붙잡고 있는 네 천사가 땅과 바다를 해롭게 할 권세를 가지고 있다는 사실을 읽을 수 있다. 이것은 사탄이 자기를 추종하는 세상의 많은 인류가 바로 자기가 지구의 주권을 잡고 있는 증거라고 주장할 때에 천사들이 사탄의 권한을 거부하면서 세상이 갑자기 멸망되지 않도록 감싸고 있는 것을 말해 준다.

우리는 그들의 음성들을 듣지 못하고 이 천사들의 활동을 보지 못하지만, 그들의 손은 세계를 둘러싸고, 쉬지 않는 열심으로 하나님의 백성의 인치는 사역이 완성되기까지 사탄의 군대를 적진 안에 묶어 두는 것이다. 이 억제하는 능력이 제거될 때에 환난의 때가 이르러 올 것이다.

그러므로 14만 4천을 인친 후에 일어날 사건, 즉 천사가 붙잡고 있는 사방 바람이 놓일 때에 생기는 일이 마지막 환난이라는 것을 알 수 있다. 요한계시록 6장 마지막 부분인 여섯째 인은 엄청난 천재지변과 두려운 심판의 광경을 피하려는 악인들의 모습을 보여 주면서 "**그들의 진노의 큰 날이 이르렀으니 누가 능히 서리요**"라는 의문과 함께 끝을 맺고 있다. 그때에 7장은 그 질문을 받아, 큰 환난을 통과하기 위해 준비되고 예수 그리스도의 성품을 반사하는 자들로서 인침 받는 14만 4천인이 있을 것을 소개하고 있다. 다시 말해서 7장은 "**그날에 능히 설 자들**" 이 누구인가를 설명해 주고 있다.

마지막 세대의 사람들 가운데서 특별하게 빼내실 자들인 14만 4천에 대하여 우리는 연구해야 하며, 또한 우리가 하나님께 영광을 돌리는 그 마지막 세대에 들어가기 위해 최선을 다하여 힘써야 할 것이다. 그것은 환난을 통과하기 위해서도 그러하지만, 그보다 더 큰 이유는 하나님의 공의로우심과 구속의 능력을 변호하는 사명 때문이다. 이 문제는 잠시 후에 다시 다루기로 하고 본론으로 돌아가서, 14만 4천인이 마지막 세대인 이유를 계속 살펴보기로 하자.

필자가 믿기에는 14만 4천 문제에서 일반적으로 받아들여지는 두 가지 개념들이 있는데 그것들은 다음과 같은 견해들이다.

첫 번째, 14만 4천은 아담 이후로 구원받을 모든 성도를 상징하는 숫자라는 것이다. 이러한 가르침이나 견해들이 꽤 보편화 되어 있다. 많은 신학자가 14만 4천인은 어느 특정한 무리가 아니기에 너무 스트레스 받을 필요가 없다고 말한다. 물론 14만 4천인의 역할도 하나님의 은혜와 성령의 능력으로 가능케 되는 것이요, 우리 질그릇 같은 사람들에게는 아무런 공로나 가치가 없다. 그러나 하나님의 가능케 하시는 능력 안에서 마지막 시대에 사는 우리가 온 세상을 향하여, 아니 온 우주를 향하여 감당해야 할 역할이 분명히 존재하는 것이다.

두 번째, 14만 4천이 마지막 시대에 사는 사람들이기는 하지만 마지막 세대(마지막 시대에 살다가 대환난을 통과하고 살아서 승천하는 자들)일 필요는 없다는 것이다. 이러한 개념도 같은 종류의 생각이라고 할 수 있는 것이 역시 이러한 생각도 14만 4천의 특수한 역할과 그들이 마지막에 특별히 선택된 무리라는 사실을 부인하게 되는 결과가 되기에는 일반이기 때문이다.

그러면 왜 14만 4천인이 마지막 세대일 수밖에 없는가를 생각해 보자. 먼저 언급하고 지나가야 할 한 가지 문제는 14만 4천이 실제 숫자이건 상징 숫자이건 간에 중요한 것은 그들이 마지막 세대로서 이루어야 할 중요한 기능이 있다는 것이다. 그들은 한정된 숫자의 사람들이다. 또한,

모든 시대의 구원받은 사람들이 아니라 한 세대의 사람들이다.

14만 4천인이 특정한 그룹일 필요가 없다는 의미에서 상징 숫자라고 말하는 것은 하나님의 백성을 준비시키는 일을 막게 되는 결과를 가져온다. 자 그러면 왜 14만 4천인이 마지막 세대일 수밖에 없는지 그 이유를 살펴보기로 하자.

1. 짐승과 그의 이름의 수를 이긴 자들이다

"또 내가 보니 불이 섞인 유리 바다 같은 것이 있고 짐승과 그의 우상과 그의 이름의 수를 이기고 벗어난 자들이 유리 바닷가에 서서 하나님의 거문고를 가지고"(계 15:2).

14만 4천의 신분은 "짐승과 그 우상과 그의 이름의 수를 이기고 벗어난 자들"이다. 짐승과 그의 이름의 수를 이긴 자들은 분명히 짐승의 표의 강제령의 박해를 이기고 승리한 자들이 아닌가? 그렇다면, 그들은 마지막 환난을 통과한 사람들이 아닌가? 땅에서 구속 받은 14만 4천명은 하나님의 거문고를 손에 들고 어린 양과 함께 시온산에 선다. 많은 물소리와 같고 큰 뇌성과도 같은 거문고 타는 자들의 거문고 타는 소리가 들리며, 그들은 보좌 앞에서 새 노래를 부른다. 그 노래는 14만 4천 외에는 아무도 배울 수 없는 노래이다. 그것은 모세와 어린 양의 노래, 곧 구원의 노래이다. 왜냐하면, 그것은 그들의 체험의 노래, 곧 다른 어떤 사람도 체험하지 못한 노래이기 때문이다. 그들은 어린 양이 어디로 인도하든지 따라가는 자며, 살아 있는 자들 가운데서 땅으로부터 끌어올림을 받은 사람들이다(계 14:1-5; 15장 참조).

2. 그들은 환난에서 나온 자들이다

"이는 큰 환난에서 나오는 자들인데 어린 양의 피에 그 옷을 씻어 희게 하였느니라"(계 7:14).

14만 4천은 살아 있는 자들 가운데서 끌어올림을 받는 특정한 무리인데, 그 이유는 개국 이래로 그때까지 없던 환난의 시기를(단 12:1 참조) 지내고, 하나님의 심판과 형벌이 마지막으로 내릴 때 중보자 없이 선 자들이기 때문이다. 그러므로 그들은 죽음을 맛보지 않은 마지막 세대일 수밖에 없다. 하나님의 마지막 백성은 짐승의 표 환난 때에 가장 중한 형벌을 받고 죽음에 처하는 어려움을 당하게 될 것인데, 그때에 하나님의 백성은 성경이 야곱의 환난의 때(렘 30:5-7 참조)라고 묘사한 고난과 고통에 빠지게 될 것이다.

또한, 요한계시록 7장 16절은 언급하기를, **"저희가 다시 주리지도 아니하며 목마르지도 아니하고 해나 아무 뜨거운 기운에 상하지 아니할지니"**라고 하고 있다. 그들은 이 세상이 기근과 질병으로 황폐해지고, 태양이 심한 열로 사람들을 태우는 광경을 목격하고, 그들 자신도 고통과 기갈을 당하였다. 다시 말해서 칠 재앙을 목격하며 견디었다. 그러므로 이들이야말로 짐승의 표의 박해로부터 견디고 늦은 비를 받아 하나님의 밭에서 추수하는 일에 종사하였으며, 은혜의 시기가 끝나고 하나님의 자비가 섞인 것이 없이 부어지는 칠 재앙을 목격하였고, 고통을 견디었으며, 야곱의 환난을 통과하고 승리한, 살아서 승천할 마지막 세대인 것이다.

또 성경은 마지막 때에 큰 지진과 재해가 일어날 것을 말하고 있는데, **"사람이 땅에 있어 옴으로 이같이 큰 지진이 없었더라"**(계 16:18)고 말씀하고 있다. 이것은 일곱째 재앙과 예수님의 재림 전에 있을 큰 지진을 가리키는 것이며, 그때 무덤이 열리고 **"땅의 티끌 가운데서 나오는 자 중에 많이 깨어 영생을 얻는 자들도 있겠고 수욕을 받아서 무궁히 부끄러움을 입을 자도 있"**게 되는 것이다(단 12:2 참조).

3. 하나님의 이름을 이마에 가진 자들

"내가 인 맞은 자의 수를 들으니 이스라엘 자손의 각 지파 중에서 인 맞은 자들이 십사만 사천이니"(계 7:4).

살아 계신 하나님의 인(계 7:2)은 하나님의 참 백성, 곧 마지막 성도들에게 찍히는 것이다. 계시록 7장에는 천사가 구원받을 백성, 곧 하나님의 종들의 이마에 하나님의 인을 치려는 장면이 나온다. **"또 보매 다른 천사가 살아 계신 하나님의 인을 가지고 해 돋는 데로부터 올라와서 땅과 바다를 해롭게 할 권세를 얻은 네 천사를 향하여 큰 소리로 외쳐 가로되 우리가 우리 하나님의 종들의 이마에 인치기까지 땅이나 바다나 나무나 해하지 말라 하더라"**(계 7:2,3).

이 성경 구절에는 하늘에서 "다른 천사"가 내려오면서 땅을 멸망시키는 바람을 놓으려고 하는 천사들에게 큰 소리로 말하는 장면이 나온다. "살아 계신 하나님의 인을 가진 천사"는 구원받을 하나님의 백성이 그들의 이마에 살아 계신 "하나님의 인"을 받아 안전해질 때까지 세상을 해하지 말라고 외친다. 이것은 계시록 14장 1절에 나오는 14만 4천인, 곧 시온산에 어린 양과 함께 설 사람들의 이마에 쓰인 어린 양의 이름과 관련이 있는 것이다. 이것은 구원받을 하나님의 백성의 이마에 쳐지는 하나님의 인으로서, 하나님의 은혜와 능력으로 그들의 성품이 하나님의 성품, 곧 십계명에 나타난 하나님의 사랑의 성품과 같이 변화함을 받았으므로 하나님의 소유가 되었다는 표시로 인이 쳐진 것이다. 이 하나님의 인은 사방의 바람이 놓이고 세상의 끝이 올 때 쳐지는 인이다.

4. 절기들과 첫 열매

하나님께서는 성소 제도와 함께 절기제도를 함께 주셨다. 절기들에 대한 자세한 지시들은 레위기 23장에 기록되어 있다. 이 문제를 자세히 다루자면 또 다른 책 한 권이 필요하겠기에 간단하게만 언급하고 지나가기로 하자. 절기제도는 성소 제도와 뗄 수 없는 상관관계가 있다. 성소 제도가 예수님 사역의 목적과 의미를 설명하여 주고 있다면 절기제도는 예수님의 구속 사역의 그 시기와 때를 설명해 주고 있기 때문이다. 성소 제도는 구속 사역을 이해하고 기억하게 하기 위한 실물교훈이다. 마찬가지로 절기제도도 구속사역의 시기와 때를 잊지 않도록 하신 행동화한 실물교훈이다.

절기 제도와 마지막 세대 14만 4천과의 상관관계는 첫 열매의 개념에 있다. 첫 열매란 추수 때에 익은 열매들을 거두어들이기 전에 잘 익은 극상품을 한 다발 거두어 제일 먼저 성소에 바치는 의식이었다. 추수가 준비되었다는 농부들의 보고를 받은 대제사장은 밭으로 들어가 제일 먼저 잘 익은 첫 열매들을 손으로 거두어서 단으로 묶거나, 과실이라면 광주리에 담아 성소 뜰에서 지성소를 향하여 아래위로 흔드는 요제로 드렸다. 이것을 첫 열매라고 부른다.

A. 유월절

유월절은 출애굽 하기 직전에 양을 잡아 그 피를 문설주와 인방에 바르고 그 고기를 가족들이 겉옷을 입고 둘러서서 급히 먹는 의식으로부터 시작되었다(출애굽기 12장 참조). 그것은 죄의 노예로부터 속히 벗어나 나가야 하는 의미로서, 장자를 죽이는 재앙을 내리고 있는 심판하는 천사의 칼을 피하기 위해 구세주의 피를 바르는 것이었다. 그때에 그 심판이 그 집을 뛰어넘어 지나가게 되었다. 유월은 넘어 지나간다(Pass-over)는 뜻이다. 예수님의 피는 죄의 영원한 죽음과 정죄의 심판이 우리를 넘어 지나가게 하신다. 감사와 찬송을 끊임없이 돌리자!

유월절 양은 불에 태워서 먹어야 했는데, 그것은 우리를 위해 영원한 죽음, 자비가 없이 불에 타서 없어지는 죄의 값을 치르시는 영원한 죽음 당하심을 상징했다. 양을 잡는 시간은 저녁때라고 했는데, 히브리 원어의 뜻은 "Between the Two Evenings" (두 저녁들 사이에), 곧 오후 3시경이었다. 이스라엘 백성의 시간 개념으로, 해가 기울어 넘어가기 시작하는 시간이 오후 3시부터라고 믿었으며 해가 다 넘어가는 시간을 오후 6시로 보았다. 그들의 계산법으로 제6시에서 제9시 사이인 것이다. 마태복음 27장 45-50절에 의하면 예수께서 유대인의 시간으로 제6시경, 우리 시간으로 오후 3시쯤 돌아가신 것을 알 수 있다. "제9시 즈음에." 만일 예수님께서 해가 아주 질 때에 돌아가셨다면 유대인들이 안식일을 지키는 준비를 하고 유월절 떡을 먹기 위해 서둘러 내려갈 수가 없었을 것이다. 안식일은 금요일 해질 때부터 토요일 해질 때까지이기 때문이다. 유월절은 유대력으로 닛산 14일이었다. 예수께서 십자가에 돌아가신 날이다. 어떻게 유대인들이 이러한 중요한 계시를 무시한 채 주님이 메시

아란 사실을 모르고 있었을까? 양심에 화인 맞아 성령의 감화를 느끼지 못하는 마음들을 가지고 있지 않고서야 어떻게 그럴 수가 있었을까?

B. 요제절과 그 첫 열매

요제절은 유월절 후 삼 일째 되는 날에 제일 먼저 익은 보리의 극상품을 한 단으로 묶어 성소 뜰에서 하나님의 임재를 향하여 아래위로 흔드는 예식이었다. 하나님의 선물인 메시아가 하늘에서 내려왔다가 다시 하늘로 올라가신다는 의미를 담고 있었다. 예수님은 첫 열매이시다. **"그러나 이제 그리스도께서 죽은 자 가운데서 다시 살아 잠자는 자들의 첫 열매가 되셨도다"**(고전 15:20). 예수님은 믿는 자들의 부활을 상징하는 첫 열매이셨다.

여기에서 14만 4천인이 마지막 시대에 성소의 예언을 성취시키는 첫 열매가 되는 것이다. 믿는 자들은 시대마다 그 당시의 첫 열매들이라고 불렸다. **"그가 그 조물 중에 우리로 한 첫 열매가 되게 하시려고 자기의 뜻을 좇아 진리의 말씀으로 우리를 낳으셨느니라"**(약 1:18). 세대마다 그들은 각각 "한 첫 열매"들이었다. 14만 4천은 인류의 역사 종말에 서서 복음의 마지막 추수 때에 가장 잘 익은 극상품 첫 열매들이다.

C. 무교절

무교절은 유월절 후 누룩이 없는 떡을 먹는 한 주간을 일컫는 절기이다. 누룩은 성경에서 죄를 상징했다. 죄는 우리의 생애에서 자아가 부풀어 올라오게 한다. 무교절은 예수님의 희생 후에 죄 없는 생애를 살아야 한다는 영적인 의미가 있다.

D. 오순절과 그 첫 열매

오순절은 요제절 이후 50일째 되는 날에 지키는 절기였다. "오순"이란 오십을 말하는 단어이다. 오순절에도 첫 열매를 드리는 의식이 있었는데, 그 첫 열매는 떡 두 덩이였다. **"너희 처소에서 에바 십분 이로 만든 떡 두 개를 가져다가 흔들지니 이는 고운 가루에 누룩을 넣어서 구운 것이요 이는 첫 요제로 여호와께 드리는 것이며"**(레 23:17). 이 떡은 예수님의 첫 열매가 갈아져서 인류가 먹고살 수 있는 생명의 떡이 되신 것을 상징하는 것이다. 그런데 이 오순절의 떡들은 누룩을 넣은 것들이어야 했는데, 누룩이 죄를 상징하는 것이나 어떤 때는 진리나 성령을 상징하기도 하였다. **"또 비유로 말씀하시되 천국은 마치 여자가 가루 서 말 속에 갖다 넣어 전부 부풀게 한 누룩과 같으니라"**(마 13:33). 오순절 날에 임한 성령께서는 다락방에 모였던 믿는 자들에게 예수의 증인 되게 하는 능력을 충만하게 부어 주셨다.

오순절은 예수님께서 부활 승천하신 이후 50일째 되던 날 인류를 위한 대제사장으로 즉위식을 하시는 날이었다. 부활 후 40일은 제자들과 함께 보내셨고 나머지 10일은 하늘에서 준비하시는 기간이었을 것이다. 모세가 아론을 대제사장으로 위임하였을 때 그는 아론의 머리에 감람유를 충분하게 부었다. 그 기름은 그의 얼굴과 수염 그리고 옷깃을 타고 내려와 땅으로 흘러내렸다. 오순절에 성령이 내린 것은 드디어 예수님께서 인류의 죄를 속하시고 용서하시는 권한을 가진 중보자, 우리 죄인들을 대표하는 대제사장이 되셨다는 사실을 온 세상에 알리기 위해서 제자들에게 복음을 전하는 파워를 주시면서 내린 것이었다.

E. 나팔절

나팔절은 대속죄일을 알리기 위해 나팔을 부는 날로서 대속죄일이 시작하기 10일 전에 불었다. 죄의 도말, 영원한 속죄를 위해 마음을 준비하라는 신호였다. 그 소리를 듣는 사람들은 심판이 시작된다는 사실을 상기하고 존절한 마음으로 살아야 하였다.

F. 대속죄일

대속죄일은 백성이 그들의 모든 죄에서 정결케 되는 날이었다. 또한, 우리의 죄의 기록들로 더럽혀진 성소가 정결케 되는 날이었다. 그날은 심판의 날이요, 인침을 받는 날이었다. 장막절(초막절)에 들어가는 자들은 반드시 대속죄일에 정결케 함을 받아야 했는데, 죄에서 완전한 속죄를 받지 못한 자들은 돌로 쳐 죽임을 당하였다.

G. 장막절

장막절은 연중 마지막 절기로서 대속죄일을 통해 모든 죄에서 정결함을 받은 자들이 추수한 열매들을 먹으며 축제를 즐기는 의식이었다. 그들은 과거 출애굽 이후 광야에서 살던 시대를 기억하기 위해 집 밖에 장막(초막—풀이나 나뭇잎으로 만든 텐트)을 치고 거기에 거하였다. 하나님께서 그들을 기적들로 인도하신 사실을 기억하였다. 우리는 예수께서 다시 재림하시는 시간부터 장막절에 들어가게 된다. 하늘로 승천하면서 우리는 하나님의 장막에 함께 거하게 된다. 그때에 우리가 참가할 축제의 즐거움을 어떻게 표현할 수 있겠는가? 구속이 다 이루어졌다. 모든 알곡이 창고에 들여졌다. 이제는 기쁘게 감사하는 일만 남았다. 주인의 즐거움에 참여하는 것이다. 우리에게는 큰 소망이 있다.

H. 14만 4천과 새 노래

14만 4천은 첫 열매라고 불린다. "또 내가 보니 보라 어린 양이 시온 산에 섰고 그와 함께 십사만 사천이 섰는데 그 이마에 어린 양의 이름과 그 아버지의 이름을 쓴 것이 있도다 내가 하늘에서 나는 소리를 들으니 많은 물소리도 같고 큰 뇌성도 같은데 내게 들리는 소리는 거문고 타는 자들의 그 거문고 타는 것 같더라 저희가 보좌와 네 생물과 장로들 앞에서 새 노래를 부르니 땅에서 구속함을 얻은 십사만 사천 인밖에는 능히 이 노래를 배울 자가 없더라 이 사람들은 여자로 더불어 더럽히지 아니하고 정절이 있는 자라 어린 양이 어디로 인도하든지 따라가는 자며 사람 가운데서 구속을 받아 처음 익은 열매로 하나님과 어린 양에게 속한 자들이니 그 입에 거짓말이 없고 흠이 없는 자들이더라"(계 14:1-5).

14만 4천은 복음의 결론까지 온전히 경험한 자들이다. 복음의 청사진인 성소의 복음을 체험한 자들이다. 예수님의 보혈로 씻고 거룩하게 하시는 성령의 역사를 경험하고 다시는 죄를 짓지 않고 하나님의 계명을 지키는 자들이 되었다. 회복된 모든 진리의 빛을 깨닫고 바벨론의 오류의 포도주에 취하지 않았다. 오류를 가르침으로 사람들을 멸망하게 하는 더러운 음녀와 음행하지 않았다. 그들은 마지막 시대에 믿는 자 중에서 늦은비 성령의 큰소리 외침으로 마지막 추수 사역이 시작되어 첫 열매로서 살아 계신 하나님의 인을 받고 성령이 충만하여 증인 역할을 하는 자들이다. 또한 그들은 큰 환란을 중보자 없이 견뎌 내어 주님을 향한 충성을 입증한 자들로 그들이 부르는 노래는 과거 어느 사람들도 불러 본 적이 없는 새 노래이다.

개국 이래로 없던 환난을 통과하며 죄 없는 생활을 살며 하나님의 구속을 경험한 자들이다. 그들은 모세와 어린 양의 노래를 부르는 자들이다. 홍해에 막혀 있을 때에 물을 가르시는 하나님의 능력으로 구원받은 경험을 노래하는 모세의 노래, 악인들에게 사면초가로 둘러싸여 죽음에 처하게 될 때에 하늘을 가르시고 재림하시는 예수님의 구속함을 노래하는 어린 양의 노래를 부르는 자들이다. **"또 내가 보니 불이 섞인 유리 바다 같은 것이 있고 짐승과 그의 우상과 그의 이름의 수를 이기고 벗어난 자들이 유리 바닷가에 서서 하나님의 거문고를 가지고 하나님의 종 모세의 노래 어린 양의 노래를 불러 가로되 주 하나님 곧 전능하신 이시여 하시는 일이 크고 기이하시도다 만국의 왕이시여 주의 길이 의롭고 참되시도다 주여 누가 주의 이름을 두려워하지 아니하며 영화롭게 하지 아니하오리이까 오직 주만 거룩하시니이다 주의 의로우신 일이 나타났으매 만국이 와서 주께 경배하리이다 하더라"** (계 15:2-4).

I. 희년

희년은 50년마다 지키는 특별한 해로서, 그 해에는 모든 농사를 그치고 땅을 쉬게 할뿐더러 모든 빚을 탕감하여 주고 종들을 해방하여 집으로 돌려보내는 해였다(레위기 25장 참조). 이 지구가 드디어 죄와 그 결과에서 해방되는 날을 상징하는 것이다. 희년의 종소리가 들릴 때에 억압당하며 일하던 종들이 쟁기들을 내어 던지면서 기쁨의 환호성을 지르며 집으로 달려가는 것이다. 우리를 억압하던 죄에서뿐만 아니라 모든 죄의 결과에서 해방되는 것을 의미한다. 슬픔과 질병과 고통 그리고 사망 자체가 다시 일어나지 않는다.

지구의 희년이 다가오고 있다. 죄의 문제가 곧 모두 해결된다. 사탄의 고소가 영원히 침묵될 것이다. 더는 죄의 유혹이 없다. 다시는 죄와 반역이 일어나지 않을 것이다. 이 지구의 고통스럽던 역사의 교훈이 너무나도 생생하기 때문이다. 구원 얻은 자들, 특히 14만 4천의 경험은 반역이 다시 생기지 않게 하는 영원한 증거가 될 것이다. 희망이 넘친다!

⑵ 14만 4천의 중요한 특성

끝으로, 14만 4천이 마지막 세대인 이유 가운데 가장 중요한 몫을 차지하는 것은, 그들이 마지막 하나님의 심판과 형벌이 내릴 때에(은혜의 시기가 끝난 후에) 중보자 없이 서는 자들이라는 것이다. 언제 하늘 성소에 중보자가 없게 되는가? 예수 그리스도께서 성소에서 죄의 중보를 마치고 나신 후, 대속죄일의 지성소 사역이 마치고 세상에 은혜의 시기가 끝나고 난 후에는 더는 예수 그리스도의 중보가 없는 것이다. 하늘에 중보자가 없게 되면 품고 있었거나 버리지 아니한 죄악들은 더 용서받을 수 없다. 그렇다면, 왜 14만 4천명이 중보자 없이 서는 일을 감당해야 할까?

일찍이 사탄은 하나님의 율법에는 결함이 있고 하나님은 불공평하신 분이라고 비난하였다. 선악 간의 대쟁투는 최초로부터 하나님의 계명에 관한 것이었다. 또한, 마귀는 하나님의 계명은 순종할 수 없고 그 계명을 폐기하지 않고서는 죄인이 용서받는 일은 불가능하다고 선언하였다. 아담과 하와의 범죄가 그것을 증명하는 것이라고 기뻐 날뛰었다. 그러나 예수께서 인간이 되시어 이 땅에 오사 우리 죄인의 육체를 입으시고 같은 시험과 유혹들을 당하시면서도 죄의 파워를 이긴 승리자가 되셨다. "율법이 육신으로 말미암아 연약하여 할 수 없는 그것을 하나님은 하시나니 곧 죄를 인하여 자기 아들을 죄 있는 육신의 모양으로 보내어 육신에 죄를 정하사 육신을 좇지 않고 그 영을 좇아 행하는 우리에게 율법의 요구를 이루어지게 하려 하심이니라"(롬 8:3,4).

당신의 생애와 죽음을 통해 그리스도께서는 하나님의 공의는 당신의 자비를 파괴하지 아니할 뿐만 아니라 죄는 용서받을 수 있고 계명은 의로우며 완전히 순종할 수 있다는 사실을 밝히셨다. 하늘에서 시작된 하나님의 율법을 대항하는 전쟁은 세상의 종말까지 계속되고 있다.

그러나 마침내 구속의 역사의 끝에 가서, 예수님 자신이 보이신 그 온전한 순종의 모습을, 당신의 보혈의 능력으로 구속하시고 회복시키신 최후의 한 무리를 통해 재현시켜 보이셔야 하는 것이다. 그리하여 드디어 온 우주는 하나님께서 구원하시기로 작정하신 자들, 죄인이었다가 회복된 그 인간들을 다시 죄 없는 하늘로 맞아들이기에 지극히 안전하다는 것을 보게 되는 것이다. 이 일은 완전한 빛과 진리의 회복, 다시 말해서 진리에 대한 인간들의 이해와 지식에 비례하여 이루어질 수 있다. 심판은 각 개인들이 자기 시대에 주어진 빛의 양에 따라 판단을 받게 된다. 과거의 여러 세대 가운데 어떤 이들은, 어떤 것들은 몰랐거나 깨닫지 못했기에 그렇게 행하지는 못했을지 몰라도 그들이 아는 한도 내에서 모든 진리를 따라 순종하는 삶을 산 사람들이 있다. 사탄은 그러한 자들의 부족을 지목하면서 완전치 못한 자들을 왜 구원해 가느냐고 하나님을 고소할 것이다.

그러므로 하나님께서는 마지막 세대의 14만 4천의 증인들을 통해 특별한 증거를 준비하고 계신 것이다. 모든 진리가 완전한 빛으로 회복된 세대에 사는 14만 4천인들은 자기들이 깨달은 모든 진리에 온전히 순종하는 성품을 보임으로, 과거의 구원받는 세대들도 이 14만 4천과 같은 성질의 성품을 가지고 있었음을 제시하시는 것이다. 만일 그들도 이 모든 진리와 빛을 알고 이해했더라면 그들 역시 똑같은 충성과 순종을 보였을 것이라고 변호하실 수가 있게 되는 것이다.

드디어 온 우주는 하나님의 계명을 목숨 내걸고 순종하며, 예수 그리스도의 성품을 반사하고 하나님의 성품과 그분의 계명을 옹호하며 사탄이 틀렸다는 사실을 제시하는 살아 있는 마지막 세대, 충성스러운 성도의 무리를 보게 되는 것이다. 이 얼마나 장엄한 광경인가! 타락한 인류가 드디어 하나님의 형상으로 완전히 회복되어 하나님의 억울하심을 자기들의 변화된 생애로 변호해 드리게 되는 그 광경이!

사탄이 아무리 유혹하고 위협해도 14만 4천은 그것에 굴하지 않는다. 그들의 원동력은 자신들의 구원에 대한 집념이 아니다. 오히려 너무나 좋으신 하나님의 누명을 벗겨 드려서 영원토록 아무런 의심이나 불평이 없이, 온 우주가 하나님께 존귀와 영광과 찬송을 드리게 하겠다는 거룩한 동기가 그들의 헌신의 원동력이 되는 것이다.

개국 이래로 그때까지 없던 환난의 때가 머지않은 장래에 우리에게 다가오고 있다. 그 환난의 때에는 각 사람이 자기의 성품을 가지고 하나님의 앞에 서야 한다. 우리의 대제사장께서 우리에 대해 속죄하고 계시는 오늘날, 우리는 그리스도 안에서 모든 죄를 승리하고자 노력해야 한다. 우리 구주께서는 비록 생각으로라도 유혹의 힘에 굴복당하지 않으셨다.

사탄은 사람의 마음 가운데 그가 발을 붙일 어떤 곳이 있는지 찾는다. 그러던 중 어떤 죄된 욕망을 품게 되면 그것을 발판으로 삼아 마귀는 유혹의 힘을 발휘한다. 그러나 예수님께서는 **"이 세상 임금이 오겠음이라 그러나 저는 내게 관계할 것이 없으니"**라고 친히 말씀하셨다(요 14:30). 사탄은 하나님의 아들에게 승리를 얻을 길을 전혀 발견할 수 없었다. 예수님께서는 당신의 아버지의 계명을 지키셨다. 그러므로 그분에게는 사탄이 이용할 수 있는 죄가 전연 없었다. 환난의 때에 서게 될 사람들도 이런 경험을 가져야 할 것이다.

요한계시록을 쓴 요한은 어린 양이 시온산에 서 있고 그와 함께 14만 4천이 하나님 아버지의 이름을 이마에 받고 같이 서 있는 것을 계시에서 보았다. 그들은 하늘의 인을 가지고 있었다. 그들은 하나님의 형상을 반사하였고 거룩한 자의 빛과 영광으로 충만하였다.

14만 4천은 온 세상 앞에 놀라운 진리를 가지고 서야 하며, 반대를 받을 때 그들 속에 꼴 지어진 영광의 소망이신 그리스도의 형상과 성품을 온 세상에 나타내야 하는 사람들이다. 그리스도인의 성품의 이상은 그리스도와 같이 되는 것이다. 인간의 육신을 가지신 그리스도의 생애가 완전하셨던 것처럼 그리스도를 따르는 자들도 하나님의 계명을 지키는 일에 완전하여야 한다. 예수님의 성품은 우리의 것이 될 수 있다. 이 일은 성령의 충만한 능력으로 가능해지기 때문이다.

"성도들의 인내가 여기 있나니 저희는 하나님의 계명과 예수 믿음을 지키는 자니라"(계 14:12). 이 말씀은 14만 4천의 성품을 가리키는 말씀이다. 하나님의 계명과 예수님의 믿음을 지키는 자들! 예수님께서 이 땅에 사실 때 가지셨던 그 믿음, 십자가 위에서 둘째 사망까지 경험하시면서도 낙심치 않으시고 끝까지 아버지의 계명을 지켜 순종의 본을 보이신 바로 그 믿음! 14만 4천은 바로 그 예수님의 믿음을 가지고 하나님의 계명을 지켜서 하늘과 땅 앞에 우리 하나님의 구원의 솜씨를 노래하며, 예수님의 머리 위에 면류관 씌워 드리는 마지막 세대인 것이다(사 62:1-3).

14만 4천! 얼마나 아름다운 구속의 경륜의 결정체인가! 그들은 누구도 불러보지 못한 경험의 노래로 부르게 될 것이다.

우리는 14만 4천인에 대하여 완전히 이해할 수는 없다. 그러나 우리는 적어도 그들이 한정된 숫자의 특별한 무리이며, 마지막 세대로서 우주 앞에 제시해야 할 특별한 사명을 가진 자들이라는 이해는 반드시 가지고 있어야 한다. 사탄이 해 온 고소를 무력하게 만드는 증인들인 14만 4천! 우리는 그 반열 속에 들어가기를 얼마나 사모해야 하겠는가!

어린 양이 어디로 인도하든지 따라가는 자들! 입에 거짓말이 없고 흠이 없는 무리! 이것이 바로 오늘 우리의 소원이 되어야 하지 않겠는가? 아직 버리지 못한 나의 죄들 때문에 여전히 하늘 성소에서 고통당하시는 어린 양을 생각함으로 죄를 미워하며 버리게 되고, 예수 그리스도의 성품과 공의로우심을 옹호하기 위한 열정이 우리로 하여금 의로운 생활을 살게 하는 원동력이 되게 하자! 그리고 하나님께서 우리에게 부여하신 모든 능력을 다하여 14만 4천에 들어가기 위해 총력을 기울여야 하겠다.

9장

성소 제도의 결론

왜 하나님께서 이 지구의 역사를 빨리 끝내지 않고 계실까? 세상에서 일어나는 온갖 범죄들과 기근 그리고 파괴와 그 슬픔들을 지켜보면서 우리는 어쩔 수 없이 이러한 질문을 던지지 않을 수가 없게 된다. 왜 하나님께서는 당신의 이루실 사역을 빨리 마치시고 재림하셔서 죄의 역사를 영원히 끝내시지 않으실까? 시간이 오래 계속되면 될수록 비율적으로 더 많은 사람이 멸망하게 될 것이요, 더 적은 수가 구원의 반열에 들어가게 될 것이다.

한 명이라도 더 구원받게 하려면 좀더 지체해야 한다고 생각하는 사람들이 있다. 그러나 생각해 보자. 그 적은 숫자를 구원하기 위해서 훨씬 더 많은 숫자의 인간들이 고통과 슬픔 속에서 죽어가야만 한다는 말인가? 지구의 역사는 빨리 끝날수록 좋다. 그것은 하나님과 인간 양편에서 다 그러하다. 그런데 왜 하나님께서 슬픔의 역사를 빨리 끝내지 않고 계신 것인가? 언젠가는 이 지구의 역사가 마쳐져야 하고, 어느 세대에 가서는 아기들이 출생하는 일들이 끝마쳐야 되기에 어느 세대에 끝나든지 그 결론은 마찬가지이다.

1. 마지막 세대의 필요성

우리들의 눈에도 이렇듯 답답하고 슬픈데 하나님께서 보실 때에는 오죽이나 답답하시고 가슴 에이는 고통을 느끼시겠는가? 결국은 모든 인류가 하나님의 자녀가 아닌가? 사랑 그 자체이신 분께서 이렇게 고통스러우심을 참으시면서 기다리시는 데는 분명한 이유가 있다. 우리는 하나님의 구속의 계획을 좀더 자세하게 이해할 필요가 있다. 하나님께서 무엇을, 왜 기다리고 계신지를 이해하게 되면, 우리를 이 마지막 시대에 그리스도인으로 세우신 그 목적을 이해하게 되는 것이다.

"이 사람들이 다 믿음으로 말미암아 증거를 받았으나 약속을 받지 못하였으니 이는 하나님이 우리를 위해 더 좋은 것을 예비하셨은즉 우리가 아니면 저희로 온전함을 이루지 못하게 하려 하심이니라" (히 11:39,40).

위의 성경 절은 마지막 세대의 필요성을 강조하고 있다. 바울은 로마서에서 다음과 같이 말하였다. **"피조물들의 고대하는 바는 하나님의 아들들의 나타나는 것이니 피조물들이 허무한데 굴복하는 것은 자기 뜻이 아니요 오직 굴복케 하시는 이로 말미암음이라 그 바라는 것은 피조물도 썩어짐의 종노릇한 데서 해방되어 하나님의 자녀들의 영광의 자유에 이르는 것이니라"**(롬 8:19-21).

하나님께서는 마지막 세대인 14만 4천, 참 영적 이스라엘인 참 교회가 준비되지 않으면 이 세상 역사를 끝마치실 수가 없다. 그렇지 않다면 무엇 때문에 이렇게 오래 기다리실 필요가 있겠는가? 하나님께서는 이제 곧 출현할 참 하나님의 교회의 현시를 간절하게 기다리시고 계신다. 구속의 경륜에는 사람을 구원하는 일보다 더 넓고 깊은 목적이 있다. 그리스도께서 이 땅에 오신 것은 단순한 사람의 구원이나, 이 작은 세계의 거민들에게 하나님의 율법의 불변성을 이해하도록 하시는 것뿐만이 아니라, 온 우주 앞에 하나님의 성품을 옹호하려고 오셨다. 사람의 구원을 위해 돌아가신 그리스도의 생애는 사람들을 하늘에 접근하게 할 뿐만 아니라, 온 우주 앞에 사탄의 반역을 처리함에 있어서 하나님과 그분의 아들 예수님이 정당하다고 변호하며, 하나님의 계명의 불변성을 확립하고, 죄의 성질과 그 결과들을 나타내셨다. 선과 악의 대쟁투는 최초부터 하나님의 계명에 관한 것이었다.

2. 선과 악의 투쟁

사탄은 하나님이 불공평하시며, 그분의 율법에 결함이 있고, 우주의 행복을 위해서는 이것을 변경해야 한다고 증명하려고 노력하였다. 사탄이 되기 전 루시퍼는 우주에서 피조물 중에 가장 아름답고 영리한 존재였다. 그는 항상 하나님의 보좌 주위에서 옹위하는 그룹 천사였고 하늘 천사들의 찬양을 지휘하고 그들의 임무를 지도하는 천사장이었다. 그가 지녔던 지혜와 아름다움은 하나님께로부터 받은 선물이었다. 그러므로 그는 그 선물들을 가지고 하나님께 영광과 찬송을 돌리는 것이 그가 할 일이었으나 루시퍼는 그 영광을 자기에게 돌리고 높아져서 교만해졌다. **"너는 기름 부음을 받은 덮는 그룹임이여 내가 너를 세우매 네가 하나님의 성산에 있어서 화광석 사이에 왕래하였었도다 네가 지음을 받던 날부터 네 모든 길에 완전하더니 마침내 불의가 드러났도다"**(겔 28:14,15).

그는 하나님 곧 전능자들의 집회에 자기도 일원이 되어 포함되기를 바랄 정도까지 스스로 교만해졌다. 그는 마침내 하나님의 아들 예수 그리스도를 시기하는 데까지 이르게 되었고 마침내 우주의 엄청난 반역과 죄악의 소용돌이를 일으키게 되었다. "너 아침의 아들 계명성이여 어찌 그리 하늘에서 떨어졌으며 너 열국을 엎은 자여 어찌 그리 땅에 찍혔는고 네가 네 마음에 이르기를 내가 하늘에 올라 뭇 별 위에 나의 보좌를 높이리라 내가 북극 집회의 산 위에 좌정하리라 가장 높은 구름에 올라 지극히 높은 자와 비기리라 하도다"(사 14:12-14).

그러나 문제는 루시퍼 자신이 아무리 높아졌다고 하더라도 자기 자신을 경배해 줄 대상들이 있어야 하는 것이다. 자기가 스스로 경배할 대상들을 창조할 수 없었기 때문에 그가 할 수 있는 일은 하나님께로부터 경배자들을 빼앗아 오는 것이었다. 예배자들을 훔쳐오려면 자기 자신이 세울 정부가 하나님의 정부보다 훨씬 더 좋다는 사실을 그들에게 알려야 했다. 그래서 루시퍼는 자기의 정부를 높이기 위해서 하나님의 정부를 끌어내리는 일을 하기에 이르렀고 하나님의 정부를 끌어내리기 위해서는 하나님의 법을 공격하여야 하기 때문에 루시퍼는 하나님의 정부의 기초인 율법을 비난함으로 그의 반역의 운동을 시작하게 된 것이었다.

그의 악랄한 수법은 많은 천사들의 마음을 동요시키기에 충분하였다. 그의 하나님을 향한 고소는 다음과 같은 것들이었다.

첫째로, 천사들은 완전한 존재로 지음을 받았기 때문에 어떠한 법 조항으로 지배를 받거나 묶일 필요가 없는데도 불구하고 이렇게 법으로 구속을 받고 사는 것은 하나님께서 자기들을 노예로 얽어매려고 하는 속셈이라는 비난이었다.

둘째로, 하나님 자신은 법을 지키지 않으면서 우리에게만 강요하는 것은 그가 이기적인 하나님이라는 것을 나타낸다는 고소였다.

셋째로, 피조물 가운데서 아무도 하나님의 법을 완전하게 지킬 수 있는 자가 없다는 것이었는데, 피조물 중에서 제일 으뜸인 자기 자신이 지킬 수 없는데 누가 과연 그 법을 완전하게 지킬 수가 있겠느냐고 반문한 것이었다.

위의 세 가지 고소는 하나님께 치명적인 것이 아닐 수 없었다. 이 교만하여진 그룹 천사는 하늘을 다니면서 천사들의 마음속에 의심들을 넣으며 그들의 사랑과 충성을 흔들어 놓기 시작하였다. 하나님께서 천사들에게 호소하신 후에도 여전히 그들의 삼분의 일은 루시퍼의 편에 가담하였다. 그 많은 천사가 속임 당하여 흔들려 나가서 사탄의 편에 가담한 것을 보았을 때 하나님 아버지의 심정이 어떠하였겠는가!

루시퍼는 천사들 사이를 왕래하면서 다음과 같이 말했을 것이다. "너희는 잘 모를 거야. 하나님이 정말 어떠한 존재인지를. 나는 항상 그분 곁에 있거든. 너희가 볼 수 없는 면들을 나는 항상 보고 있으니까 말이야. 그런데 하나님은 너희가 생각하는 그러한 존재가 아니야. 우리에게는 큰 개혁이 필요하단 말이야." 넌지시 던지는 그러한 의심의 말들은 어떤 천사들의 충성심을 흔들어 놓는데 충분하였다. 이렇게 하여 하나님의 성품과 율법을 대항하는 반역 운동이 하늘에서부터 시작되었다.

여기에서 우리는 한 가지 중요한 질문을 던져야 한다. 그것은, 왜 하나님께서 사탄을 처음부터 죽여 버리시고 다른 존재를 창조하셔서 미리부터 사전에 반역을 막지 않으셨는가 하는 질문이다. 그러나 하나님께서 즉시로 사탄을 죽이셨더라면, 오히려 천사들과 우주 거민들 마음 가운데 다음과 같은 커다란 해결되지 않은 의문이 남게 될 것이었다. "왜 하나님께서 루시퍼를 그렇게 빨리 없애 버리셨지? 하나님께서 뭐, 두려운 것이 있으신 것이 아닐까? 아직 우리가 루시퍼에게서 크게 나쁜 것을 본 것이 없지 않은가?"

그러한 마음에서 그들은 하나님을 섬기기는 해도 무서워하는 두려움으로 섬길 가능성이 있었기에 하나님께서는 그렇게 하실 수가 없었다. 하나님께서는 피조물들에게 자유 의지와 선택권을 주셨다. 이것이 하나님과 피조물 사이에 사랑의 유대를 굳게 맺어 주는 중요한 기반이 되고 있었다. 그러므로 하나님께서는 우주에 의심과 죄의 세력이 영원히 존재하지 못하도록 하기 위해서는, 이 반역 운동의 결과를 스스로 우주 앞에 폭로하여 보일 때까지 존재하도록 허용하실 수밖에 없게 되신 것이다.

3. 지구의 타락과 예수님의 구속

바로 이 시점에서 이 지구는 온 우주의 관심을 끄는 시험대가 된 것이다. 하늘 모든 거민들을 위한 교과서가 되는 처지에 놓이게 되었다. 그런데 아담과 하와가 사탄의 유혹에 너무 쉽게 넘어가 버리고 말았다. 하와가 했어야 했던 일은 뱀에게 "아니요!"라는 한마디의 말이었다. 뱀과 대화를 나누었더라도 남편에게 달려와 물어보았으면 될 것이었다. 뱀이 따준 선악과를 손에 받아 들고 있었다 할지라도 그것을 가지고 하나님께 가서 다시 물었으면 될 일이었다. 다시 말해서 아담과 하와의 시험은 쉬운 일이었다. 그러나 둘째 아담 예수님께서 당하신 시험은 커다란 고통을 수반하는 시험이었다. 마지막 세대가 보여야 할 시험도 커다란 고통을 수반하는 시련일 것이다. 그러나 하나님께 감사하자. 주님께서 승리하신 것처럼 그들도 승리할 것이다.

아담과 하와가 범죄했을 때에 하나님께서 그들을 용서해 주시고 마치 없었던 일처럼 취급하고 그냥 넘어가실 수가 없었단 말인가? 그러나 그렇게 하실 수가 없으셨다. 그 이유는, 무조건의 용서가 우주 거민들에게 하나님의 법을 지키는 것이 그렇게 중요한 일이 아니라고 생각하게 할 것이었기 때문이다. 죄는 아주 무서운 것이라는 사실로 받아들여져야만 한다. 죄는 그 결과를 반드시 거두어야 한다. 죄는 우주를 파괴하는 힘이다.

또 다른 한 가지 질문이 대두하는데, 그것은 천사는 구세주가 될 수가 없는가 하는 것이다. 죄 없는 존재가 대신 죽어 주면 되는 것이 아닌가? 그러나 율법을 범한 자를 위해 대신 죗값을 치루기 위해서는 율법을 제정하신 하나님만이 하실 수 있는 일이다.

만일 천사가 죄인을 위해 대신 죗값을 치러 준다면 그 율법의 요구가 천사의 수준까지만 중요한 것으로 인정될 수 있다. 하나님의 율법은 하나님 자신까지도 묶는 법이다. 하나님께서는 인간에 대한 당신의 사랑의 크기를 나타내시고 아울러 죄의 흉악성을 직접 보이시기 위해 이 세상에 임하셨다. 또한, 어떠한 환경에서일지라도 죄는 승리하고 극복될 수 있다는 모본을 남기시기 위해 예수님께서 이 땅에 임하셨다. 예수님보다 더 인간을 사랑하는 천사가 과연 있겠는가?

4. 필요한 하나님의 증인들

그러므로 하나님께서는 사탄과의 이 선악간의 대쟁투에서 두 가지가 꼭 필요해지셨는데, 그것은 사탄의 기만을 폭로하기 위한 시간과, 또한 율법을 누구나 다 지킬 수가 있다고 옹호하며 증명하여 줄 증인들이 필요해지신 것이다. 바로 이 두 가지가 하나님께서 이렇게 오래도록 참으시면서 이 지구의 역사를 연장하시는 이유이다.

여기에서 또 한 가지 묻고 지나가야 할 것이 있는데, 그것은 왜 예수님께서 인간이 범죄한 후에 4,000년이나 지나서 지구에 오셨는가 하는 것이다. 그 이유는 다음과 같다. 인간을 구원하는 일은 용서 이상의 일이 요구된다. 그것은 용서받은 인간이 다시 거룩한 생애를 살 수 있다는 사실과 어떻게 그러한 생애를 살기 위한 능력을 받을 수 있는지를 사람들이 이해할 필요가 있기 때문이었다. 그렇지 않다면 애초부터 하나님께서 그냥 용서해 주시고 말았을 것이지 무엇 때문에 이러한 대쟁투의 역사를 전개하셨겠는가?

하나님께서는 죄를 이길 힘을 공급하실 수가 있으시다. 그러나 인간들이 그것을 어떻게 받을 수 있는가? 인간이 모든 죄와 유혹들을 이기고 거룩한 생애를 살 수 있다는 사실을 확신시키기 위해 하나님께서는 무엇을 하셔야만 하였다.

그러므로 예수님께서 인간이 받는 모든 유전 법칙을 통한 연약성과 육체의 본성을 가지고 이 땅에 임하실 필요가 있었던 것이다. 그것도 인간 역사 중에 가장 어두웠던 장면인 로마의 시대, 곧 사람들이 서로 죽이는 일을 바라보며 즐거워할 정도로 타락했으며, 사람들을 야수와 싸워서 죽게 만드는 일들을 오락 삼아 바라볼 정도로 악해졌던 시대까지 기다리셨다가, 바로 그러한 정도까지 타락한 인간성을 유전으로 다 받아쓰시고 이 땅에 임하시어, 그러한 연약한 가운데서도 하나님의 성령의 충만한 생애를 사심으로, 단 한 번도 마귀에게 져서 죄를 범하지 않으신 생애를 보여 주심으로, 아무도 핑계할 여지가 없도록 우리에게 그 가능성을 설득시키신 것이었다.

그렇다면 주님께서 이 땅에 오셔서 완전한 승리의 생애를 사심으로 사탄과 우주를 향한 하나님의 목적을 달성하시고 의문들을 다 풀어주셨음에도 왜 또다시 2,000년이란 세월을 이렇게 기다리셔야만 하셨는가? 그 이유는 다음과 같다.

만일 하나님께서 그때에 사탄을 죽이셨다면 우주의 존재들이, "자, 그것 봐! 하나님께서는 사탄이 존재하는 한 인간들이 승리할 수가 없기 때문에 그를 없애버리신 것이야."라고 할 것이기 때문이었다. 또 한 가지 더 중요한 이유는, 사탄이 하나님의 아들 예수께서 십자가로 승리하시자, 예수님의 승리의 생애는 법정 싸움에서 실격이라고 주장한 것이었다. 예수께서 신성을 사용하여 이기셨는지 누가 아느냐는 비난이었다. 인간의 몸을 가지고 오셨지만 어쨌든 당신은 하나님이기 때문에 실격이라는 것이다.

그렇다면 에녹, 엘리야, 요셉 같은 완전히 승리한 생애를 살므로 증명한 자들이 있었지 않느냐는 하나님의 반문에, 사탄은 다시 이렇게 고소하고 나서는 것이다. "하나님, 당신이 그들을 너무 지나치게 보호하고 있었기 때문에 내가 마음 놓고 그들에게 접근하여 일할 수가 없었지 않습니까? 내가 그들에게 내 할 일을 다 할 수 있게 해 주었더라면 그들은 분명히 내 밥이 되었을 것이오! 당신은 그들을 너무 지나치게 막아주고 있었단 말이오. 불공평합니다." 그것이 욥기 1, 2장에서 발견하는 사탄의 고소가 아닌가? 추호도 의심을 남기지 않으시기 위해 하나님께서는 사탄의 이 고소를 향한 마지막 한 가지 최후의 전시를 준비하셨다. 그것이 바로 마지막 세대의 현시이다.

5. 하나님의 마지막 세대

하나님께서 이번에는 한 교회를 준비하시고 계신다. 이 교회야말로 참 영적 이스라엘이 될 것이다. 이 14만 4천은 사탄의 비난을 완전히 그리고 영원히 침묵시킬 것이다. 12×12=144이다. 1,000이란 숫자는 항상 "많다"는 뜻을 나타내는 숫자이다. 그들은 12사도들의 가르침을 기초로 하여 생긴 참된 영적인 12지파, 곧 영적 이스라엘이라는 뜻이다. 그러한 사람들이 많을 것이라는 뜻이 14만 4천이다. 만일 열 아들을 가진 아버지가 있는데, 그 아들들에게 어떠한 일을 시키려고 하고 있다고 가정해 보자. 그때 그 아들들이 다 그 일은 너무 힘들어서 우리 중에 아무도 그 일을 할 수가 없다고 말한다 생각해 보자. 그때 어떻게 하면 이 아버지가 모든 아들에게 누구나 다 그 일을 할 수가 있다는 사실을 증명해 보여 줄 수가 있겠는가? 그 일은 다음과 같이 이해할 수가 있다. 만일 그 아버지가 열 아들 중에 가장 약한 막내둥이 아들을 데리고 가서 그 일을 할 수 있도록 훈련한 다음에 다른 모든 아들들이 지켜보는 가운데 막내가 그 일을 해내는 모습을 보여 준다면 다른 나머지 아들들이 어떻게 생각하겠는가? 과연 그래도 그들이 그 일을 하기에 불가능하다고 우길 수가 있겠는가?

마찬가지이다. 하나님께서는 이 지구, 아니 이 우주에서 막둥이로 태어난 우리들, 곧 유전 법칙에 의하여 가장 연약한 몸과 마음을 타고 태어난 마지막 세대를 훈련하시어, 성령님께 온전히 굴복하여 지배를 받는 인간은 누구나 모든 죄를 승리하는 생애를 살 수 있다는 사실을 그들의 생애의 전시를 통해 우주 앞에 증명해 보이려고 하시는 것이다. 그때 그들 앞에서 누가 과연, 하나님의 계명을 온전히 순종하는 것이 불가능한 일이라고 주장하며 나설 수가 있겠는가? 드디어 하나님께서는 14만 4천을 통해서 사탄의 모든 비난과 거짓 주장들을 침묵시키고 하나님의 율법과 당신의 성품을 온 세상 앞에 변호하시게 되는 것이다. 얼마나 감격스러운 일인가! 또한, 우리는 얼마나 큰 특권인가! 그러므로 짐승의 표에 대하여 경고하는 천사는 이렇게 말씀하고 있다. "성도들의 인내가 여기 있나니 저희는 하나님의 계명과 예수 믿음을 지키는 자니라"(요한계시록 14:12).

사탄은 **"욥이 어찌 까닭 없이 하나님을 경외하리이까 주께서 그와 그 집과 그 모든 소유물을 산울로 두르심이 아니니이까"**(욥 1:9,10)라고 고소하였다. 하나님께서 당신의 백성을 너무 지나치시게 보호함으로 그들에게 사탄이 마음대로 공격하여 이길 수가 없었다는 비난이다. 그러므로 하나님께서는 사탄을 영원히 잠잠케 하시기 위해 14만 4천들을 훈련하시고 다시는 죄와 유혹에 넘어지지 않을 성품을 준비시키신 후에 이 세상에 은혜의 문을 닫으시는 것이다. 그 후에는 더는 중보의 기도가 없을 것이다. 이제는 용서가 주어지지 않는다. 그리고는 욥을 시험하도록 사탄에게 내어 주셨던 것처럼 하나님께서는 마지막 세대를 사탄에게 시험하도록 허용해 주실 것이다.

사탄에게 그들의 목숨만 건드리지 말고 마음대로 시험하도록 허용하실 것이다. 그러나 14만 4천은 승리할 것이다. 그들의 하나님을 향한 사랑과 충성 그리고 완전한 순종을 위해 경험한 모든 훈련이 그들로 하여금 사탄의 고소를 영원히 침묵시킬 수 있게 만들 것이다. 그들은 차라리 죽으면 죽었지 하나님께 욕을 돌릴 수 없다는 지극한 사랑과, 예수님의 마음을 가진 자들일 것이다.

필자는 이렇게 생각한다. 14만 4천은 예수님께서 재림하시는 날 의인들을 무덤에서 부활시키실 권한을 갖도록 해 드리는 자들이라고. 이상한 생각이라고 말할지는 모르지만 독자들은 곰곰이 생각해 보기를 바란다. 지금까지 항상 고소하는 일을 일삼아 왔던 사탄이 예수께서 재림하시는 클라이맥스에서 과연 가만히 있으리라 생각하는가? 그는 이리 뛰고 저리 뛰면서, 예수님께서 무덤에서 막 부활시켜 올리시는 의인들을 보면서 다음과 같이 최후의 고소의 말들을 퍼부을 것이다. "하나님, 불공평합니다. 이것은 불법이요. 내가 이들의 과거를 너무나 잘 압니다. 이 사람은 죽기 얼마 전에 화를 내는 죄를 지었다고요. 저 사람은 변조된 성일을 지켰던 자 아닙니까? 그 사람은 안돼요. 그 사람은 부절제한 사람이 아니었습니까? 이들은 완전히 당신의 율법을 지킨 자들이 아니지 않습니까!" 그때에 예수님께서는 사탄을 향하여 이렇게 말씀하실 것이다. "참, 아직 자네는 그 고소하는 버릇을 고치지 못했구먼! 자! 사탄아! 저기에 서 있는 살아 있는 성도들, 14만 4천을 보느냐! 그래, 자네가 저들을 유혹하고 시험했을 때에 과연 이길 수가 있었던가?" 그때에 사탄은 입을 다물고 아무 말도 못할 것이다. 그는 저들 중 단 한 명도 하나님의 율법을 어기게 하는 일에 성공하지 못한 것을 잘 아는 터이기 때문이다.

그때에 하나님께서 계속해서 우주를 향하여 말씀하시는 소리가 하늘을 울리며 퍼져 나갈 것이다. "자, 이 14만 4천과 지금 내가 무덤에서 부활시키고 있는 이 의인들과 그들의 성품들을 대조해 보아라. 그들의 성품이 동질의 성품들이 아닌가! 만일 내가 지금 부활시키고 있는 이 의인들에게, 내가 14만 4천인들에게 주었던 온전한 진리의 빛들과 똑같은 기회를 주었더라면 그들도 이들과 같이 똑같은 성품의 장성한 분량을 소유했을 것이 아닌가! 이 마지막 세대가 바로 그 사실을 증명하는 것이 아닌가!" 이때에 온 우주는 하나님께 찬송과 영광을 돌리게 될 것이다. 이전에 들어 보지 못한 찬송이 하늘을 치솟을 것이다. "하나님의 심판이 공의롭도다! 할렐루야! 그에게 영광과 존귀를 세세토록 돌릴지어다 아멘."

드디어 사탄의 고소는 침묵하게 된다. 드디어 하나님의 공의와 사랑이 온 우주에 드러나 증명되었다. 이제는 더 이상 죄와 반역이 일어나지 않을 것이다. 하나님의 사랑이 승리하였다!

하나님의 보좌 주위에 서서 하나님을 찬송하는 네 생물과 이십사 장로와 14만 4천인들의 간증은 다시는 우주에 죄와 반역이 일어나지 못하게 만들 것이다. 그들은 이 땅에서 어린 양이 어디로 인도하시든지 따라갔던 자들이기 때문이다. 하나님께서는 이러한 마지막 세대를 기다리고 계신다.

지금 그 숫자가 차고 있다. 때가 얼마 남지 않았다.
주님께서 속히 오실 것이다. 14만 4천이 준비되고 있다.
조용하게, 그러나 확실하게!
이 글을 읽은 독자들이시여, 지금 고개 숙여 기도하지 않겠는가?

"주여! 저로 하여금 그 무리 가운데 하나가 되게 하시옵소서!"

"가라사대
내가 진실로 속히 오리라 하시거늘
아멘 주 예수여 오시옵소서."
계 22:21

SOSTV 선교센터 안내

1. 〈웹사이트〉 ✓ www.11hn.net

분명한 진리의 말씀과 성경을 연구할 수 있는 효과적인 자료들인 월간지, TV 방송설교, 각종 세미나, 요한계시록과 다니엘 연구 동영상, 성경 주제별 공부시리즈, 아름다운 시와 음악 등 방대한 자료들이 준비되어 있습니다.

2. YouTube 〈유튜브 채널〉 ✓ www.sostv.kr

차별화된 기독교 방송이 제공됩니다!

SOSTV에서 제작한 모든 영상을 PC와 스마트폰에서 쉽고 빠르게 보실 수 있는 〈SOSTV 기독교 방송〉 YouTube 채널이 준비되어 있습니다. YouTube에서 〈SOSTV〉를 검색하세요.

설교: 마지막 시대를 살아가는 현대인들을 하늘 백성으로 준비시키는 참된 만나
강의: 성경의 예언들, 성경연구, 그리스도인 연애와 결혼 등 다양한 주제의 성경 강의
간증: 거듭난 사람들의 간증과 행복한 가정, 자녀교육, 그리스도인의 삶
건강: 현대인에게 필요한 건강 상식, 스트레칭, 채식 요리 레시피
토크쇼: 그리스도인 청년들의 토크,참 신앙을 찾는 사람들의 이야기
다큐: 마지막 시대를 살아가고 있는 현대인들을 위한 성경 다큐

3. 월간지 〈열한시〉

매달 가정과 건강과 신앙에 관하여 중요하고도 참신한 기사들이 예쁘게 디자인된 총천연색 월간지에 실립니다. 각종 질병과 건강에 관한 천연 치료법들과 성경의 예언 및 구원에 관한 중요한 주제들이 심도 있게 다루어집니다.

4. 〈도서 단행본〉

요한계시록/다니엘 등 예언 연구, 복음, 그리스도인 생활, 교리, 그리스도의 생애, 기독교회사, 예배일에 관한 연구 등 삶을 변화시키는 진리가 담긴 책자들이 있습니다.

5. 〈성경공부 시리즈〉

복음과 예언 등 성경의 다양한 주제들을 쉽고 깊이있게 알아갈 수 있는 성경공부 시리즈

6. 〈팟빵〉, 〈팟캐스트〉 ✔ SOSTV 검색

컴퓨터와 스마트폰에 SOSTV의 영상과 MP3를 쉽게 다운받고, 들으실 수 있습니다.

7. 온라인 카페 〈그리스도인〉 ✔ http://kingsm.net

진리의 말씀을 사모하고 그 말씀대로 살아가길 원하는 사람들을 위한 온라인 카페입니다. 주제별로 분류한 월간지 글 모음! 다니엘서 및 요한계시록 Bible Study 자료 무료 다운로드! 채식 요리 레시피, 자녀 교육, 농사 일기 등 유용한 정보와 말씀으로 삶이 변화된 실제적인 경험이야기가 "그리스도인" 카페에 있습니다.

손계문 목사 말씀 시리즈

1. 손계문 목사와 성경 알아가기
2. 성경과 신학
3. 손계문 목사 설교
4. 성경의 예언들
5. 크리스천 연애와 결혼

■ SOSTV 선교센터 후원 안내

SOSTV는 독자 여러분의 후원으로 운영되는 선교센터입니다.

여러분께서 정성스럽게 보내주시는 귀한 헌금은, 보다 많은 분들에게 진리를 전해 드리기 위하여, 가장 소중하고 조심스럽게 사용할 것을 약속드립니다. 책자를 보시고 마음에 감동을 받으신 분들은 아래 계좌로 후원을 부탁드립니다.

후원 계좌
(예금주:생애의 빛)

후원하시는 분들은 세금 감면의 혜택을 받으실 수 있습니다.

· 농협 : 301-0019-4151-11
· 국민 : 611601-04-222007
· 신한 : 100-025-300569
· 우리 : 1005-601-482208
· 외환 : 630-006815-376
· 우체국 : 700245-01-002423

■ SOSTV 선교센터 연락처

한국	1544-0091, sostvkr@hotmail.com
미국	1-917-935-9006, 11sostvus@gmail.com
캐나다	1-778-385-0691, 11sostvca@gmail.com
일본	050-1141-2318, sostvjapan@outlook.com 〒298-0263 千葉県夷隅郡大多喜町伊保田53-1 www.sostv.jp
중국	sostvnet@hushmail.com www.sostvcn.com
인도네시아	(62) 812-1026-3892

SOSTV Network

카카오톡	카카오스토리	네이버 카페	팟빵 & 팟캐스트	손계문 목사의 <스토리 채널>
아이디: SOSTV	아이디: SOSTV	그리스도인	검색: SOSTV	검색: 이것이 그리스도인이다